右手をご覧くださいませ

バスガイドとめぐる京の旅

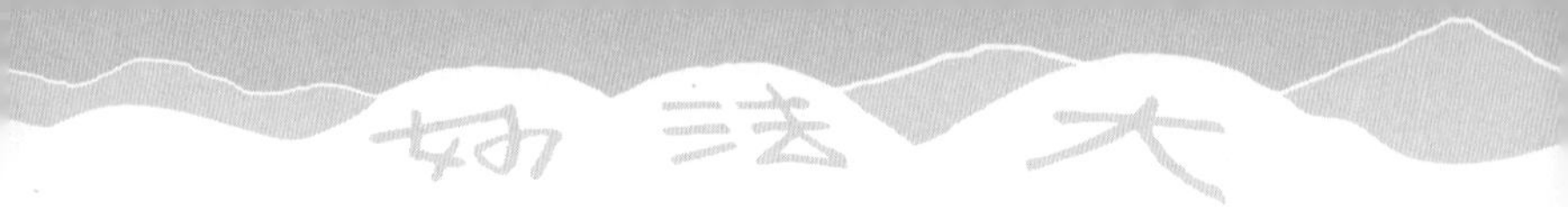

右手をご覧くださいませ　バスガイドとめぐる京の旅　目次

はじめに……4

洛中世界遺産をめぐる……9

西本願寺……12
本能寺址……18
二条城……21
西陣……28
千本通……32
北野天満宮……36
金閣寺……41
紫野……47
相國寺……54
京都御苑……57
東本願寺……69

ぐるり、東山をゆく……77

加茂街道……80
下鴨神社……83
京都大学……86
白沙村荘……90
銀閣寺……91
鹿ヶ谷……96
平安神宮……102
青蓮院……109
知恩院……110
祇園……119
八坂……124
三十三間堂……126
七条大橋……135

コラム

バスガイド トリビア 1 ……74
新人ガイド奮闘記……138

いざ、清水へ …… 141

牛若丸と弁慶 …… 144
清水寺 …… 147
東山散策 …… 160

歴史の舞台をたどる …… 169

寺町通 …… 172
池田屋址 …… 178
三条大橋 …… 182
三条通 …… 186
南禅寺 …… 188
聖護院 …… 191
今熊野 …… 194
東福寺 …… 196
東寺 …… 197

嵐山、嵯峨野めぐり …… 203

島原 …… 206
京の山々 …… 208
嵐山 …… 214
天龍寺 …… 220
嵯峨野 …… 223
鳥居本 …… 225
奥嵯峨 …… 228
大覚寺 …… 238
太秦 …… 241
仁和寺 …… 247
龍安寺 …… 250
等持院 …… 252

索引 …… 263

コラム

お客さまとの思い出 …… 167
バスガイド トリビア 2 …… 201

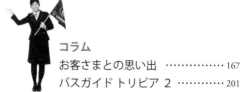

はじめに

「右手をご覧くださいませ」。バスガイドの左手が指す先には荘厳な重要文化財や壮麗な名勝・名跡。ただの移動を知的探求の旅に変え、国・地域の輝かしい「光」を伝えることがバスガイドの仕事だと思っています。

　国や地域の「光」を「観る」ことをすなわち観光といいますが、その「光」というのは、歴史や伝統、文化の結晶である建造物や文化財などであったり、さらには文明の最先端を行くものであったりします。弊社では、その「光そのもの」を見ていただくだけではなく、よく「観て」いただくためにも、つたないガイドではありますが「光の源」を感じていただけるよう、一生懸命努力をしております。

　観光の「光」の源は日本人の「心」であります。平安時代から千年あまりにわたって日本の都であった京都には、日本の歴史が詰まっているといっても過言ではありません。西陣織、友禅、清水焼、京扇子、京人形、京仏具、茶道具などの伝統工芸に加え、史跡、名勝、社寺などの歴史的建造物も豊富であります。平成六年（一九九四）には京都の文化財が世界遺産に登録されるなど、国際的にも認められた歴史観光都市であります。近年は先端技術産業

も盛んで工業都市としての色彩も強くなってきています。これら歴史的建造物や文化財、伝統工芸や最先端技術は京都、さらには日本を明るく照らす「光」であり、観光資源そのものであります。ただ、それらはそれぞれ単体で光り輝くのではなく、それらを建造したり造形したりした背景にはかならず何らかの人の思い、人の心があるから輝くのです。

弊社ではガイドさせていただく際に、なるべく観光資源に関わるエピソードをお話させていただくようにしています。そのことによって、その観光資源にたずさわった人々の思いを感じ取っていただき、この日本という国が成り立ってきた歴史の光、その光の源の奥ゆかしさに共感し、感動し、温故知新、未来を創る光の源にしていただけたらと思っております。

最後になりますが、このたび本書を手にとっていただいた読者の方はもちろん、お客さま、観光資源関係者各位、そしてヤサカ観光バスの歴史に関わってくれている従業員、すべての方に感謝申し上げます。

平成二七年立春

ヤサカ観光バス株式会社　代表取締役社長　粂田　晃稔

洛中世界遺産をめぐる(p.9)
叡山鉄道
地下鉄烏丸線
2
ぐるり、東山をゆく(p.77)
4
歴史の舞台をたどる(p.169)
京都御苑
鴨川
京阪本線
二条城
3
いざ、清水へ(p.141)
京都駅
近鉄京都線
地下鉄

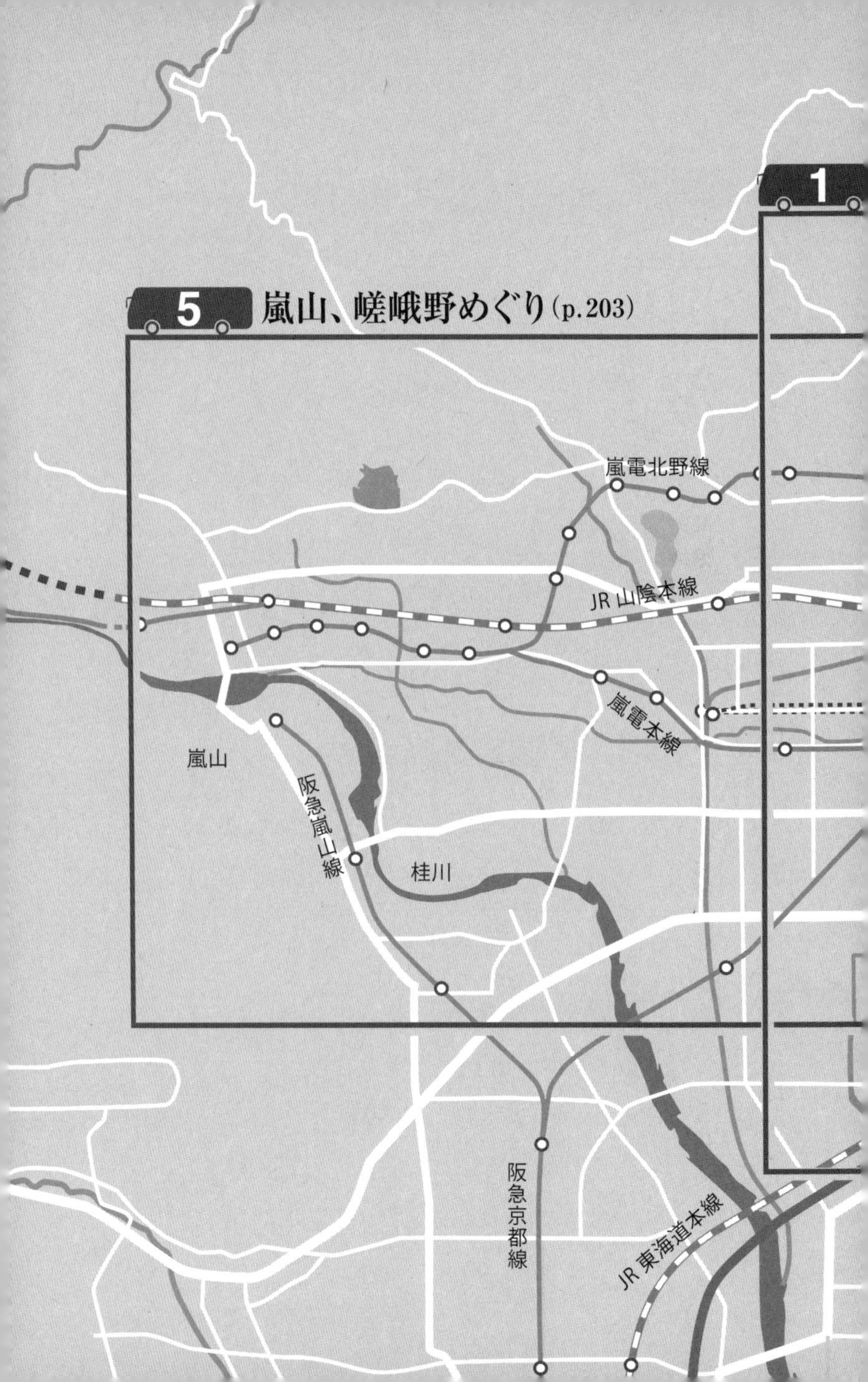
1
5
嵐山、嵯峨野めぐり(p.203)
嵐電北野線
JR 山陰本線
嵐電本線
嵐山
阪急嵐山線
桂川
阪急京都線
JR 東海道本線

凡例

・本書はヤサカ観光バス株式会社製作のガイド教則本をもとに、加筆、再構成したものです。

・本書でご紹介したコースは書籍化に際して設定したもので、実際の観光コースとは異なる場合があります。

・本書に掲載したデータは平成27年1月現在のものです。拝観料、拝観時間等の変更がある場合もありますので、事前にご確認ください。

・本書でご紹介している社寺の由緒、故事、地名の由来等については、諸説あるものがあります。

1

洛中世界遺産をめぐる

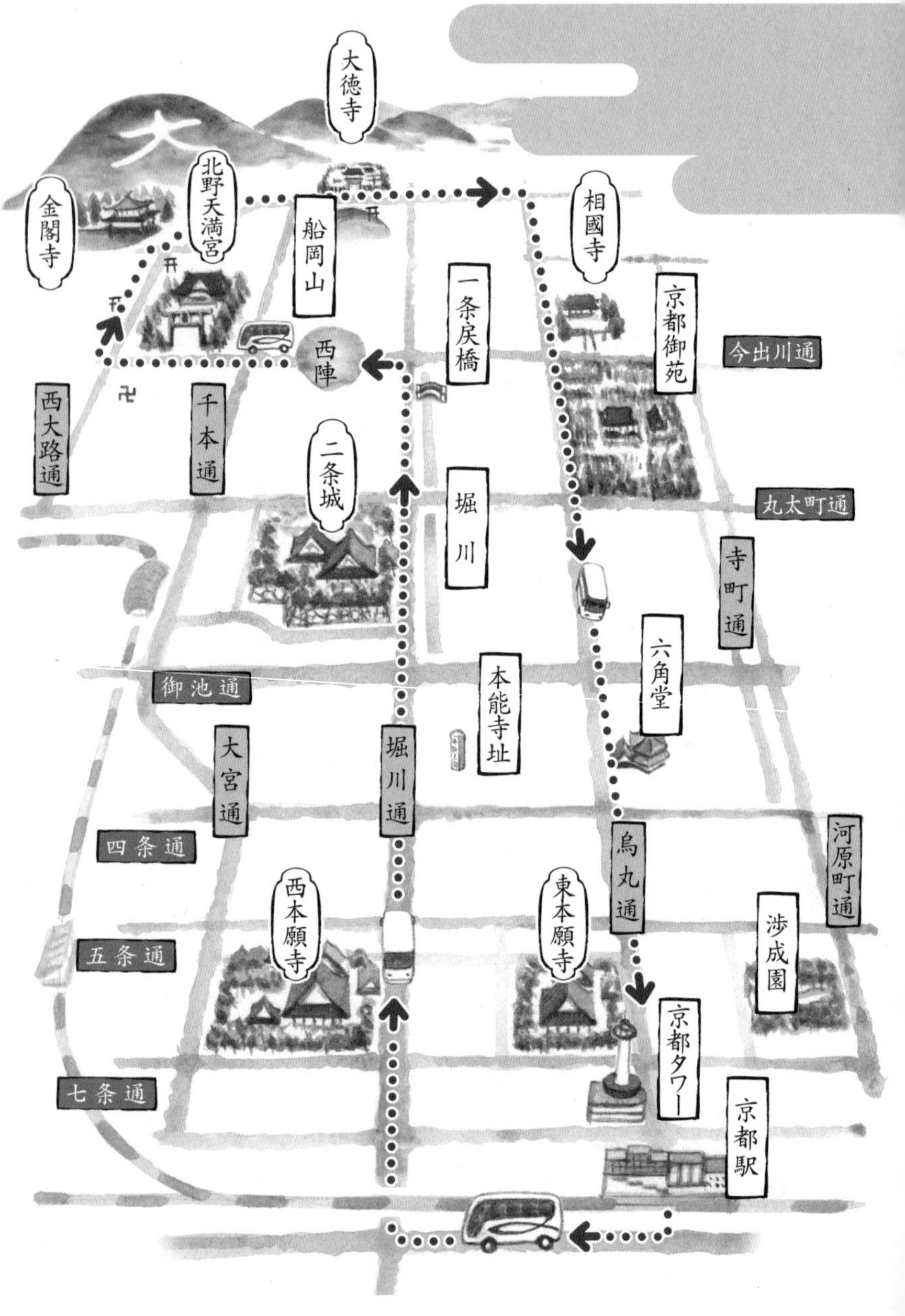
大徳寺
北野天満宮
金閣寺
船岡山
相國寺
一条戻橋
京都御苑
今出川通
西陣
西大路通
千本通
二条城
堀川
丸太町通
寺町通
六角堂
御池通
本能寺址
大宮通
堀川通
四条通
烏丸通
河原町通
西本願寺
東本願寺
涉成園
五条通
京都タワー
七条通
京都駅

皆さま、おはようございます。

遠路はるばるようこそわたくしたちの京都へおこしくださいました。ながい列車の旅、たいへんお疲れさまでございました。

また、本日はわたくしどもヤサカ観光バスをご利用いただきまして、まことにありがとうございます。

さて、お訪ねいただきました京都の町は、うつくしい山々ときよらかな流れにはぐくまれた「千年の古都」として、ながい歴史とともにたくさんの名所旧跡がございます。これよりその名所の数々をたずねてまいります。

本日、ご縁がございましてわたくしが皆さまのお供をさせていただきます。まだまだ未熟者で、皆さまにじゅうぶんのご満足をいただけないかもわかりませんが、一生懸命つとめさせていただきますので、どうぞよろしくお願いいたします。

それではこれより浄土真宗の本山・西本願寺、国宝の御殿が残る二条城、金箔もあざやかな金閣寺、雄大なお堂の東本願寺をご見学いただき、本日のお宿までお送りさせていただきます。

西本願寺

ではご乗車いただきましてさっそくですが、右手をご覧くださいませ。

こちらは国際文化観光都市京都の表玄関、京都駅でございまして、平成九年（一九九七）に完成いたしました。中央がＪＲ京都駅、東側がホテルグランヴィア京都、西側が百貨店のジェイアール京都伊勢丹で、建物の東西は地上四五メートルの空中径路で結ばれ、京都の景観がたのしめるようになっております。

建物全体は京都の碁盤の目の街並みをイメージしているそうで、高さは約六〇メートル、工費は一五〇〇億円といわれております。

灰色の壁の大きなお寺が見えてまいりましたが、浄土真宗本願寺派の本

京都駅ビルの屋上からは京都の街が一望できます。西本願寺、東本願寺、東寺、比叡山や稲荷山はもちろん、奈良県の生駒山や大峰山脈まで見える日もございます。

夜はライトアップされた東寺の五重塔や京都タワーを間近に望むことができます。

山本願寺でございまして、通称西本願寺とよばれております。

　西本願寺は今から七五〇年ほど前の弘長三年（一二六三）一一月二八日に、浄土真宗の開祖親鸞《しんらん》聖人が亡くなったあと、「骨肉《こつにく》の御真影《ごしんえい》」という木像を今の知恩院のあたりに安置したのがはじまりです。骨肉の御真影と申しますのは、親鸞聖人を火葬したときの灰と漆《うるし》を混ぜたものを聖人のすがたにまねた木像に塗ったもので、今も親鸞聖人の魂は生き続けていると考えられております。

　浄土真宗の教えはそれまでの仏教のむずかしさをなくし、南無阿弥陀仏《なむあみだぶつ》とお念仏をとなえるだけで誰もが極楽往生できるというわかりやすい教えでしたので、第八代蓮如《れんにょ》上人のころにはたくさんの信者さんが集まるようになりました。そのため、古くより勢力を持っていた比叡山延暦寺から迫害を受けることになり、本願寺は近江《おうみ》（滋賀県本福寺）、越前（福井県吉崎御坊）、山科《やましな》（京都山科別院）、大坂石山（大坂城）、さらに紀州（和歌山鷺森《さぎのもり》別院）へと逃げのび、各地を転々といたしました。やっと本願寺が現在の地に落ちついたのは豊臣秀吉が天下を治めるようになってからです。しかし徳川

本願寺（西本願寺）【世界文化遺産】
京都市下京区堀川通花屋町下ル
☎075・371・5181
5時30分～18時（11～2月は、～17時）
境内拝観自由（※書院・飛雲閣等は特別公開時以外は要申込）

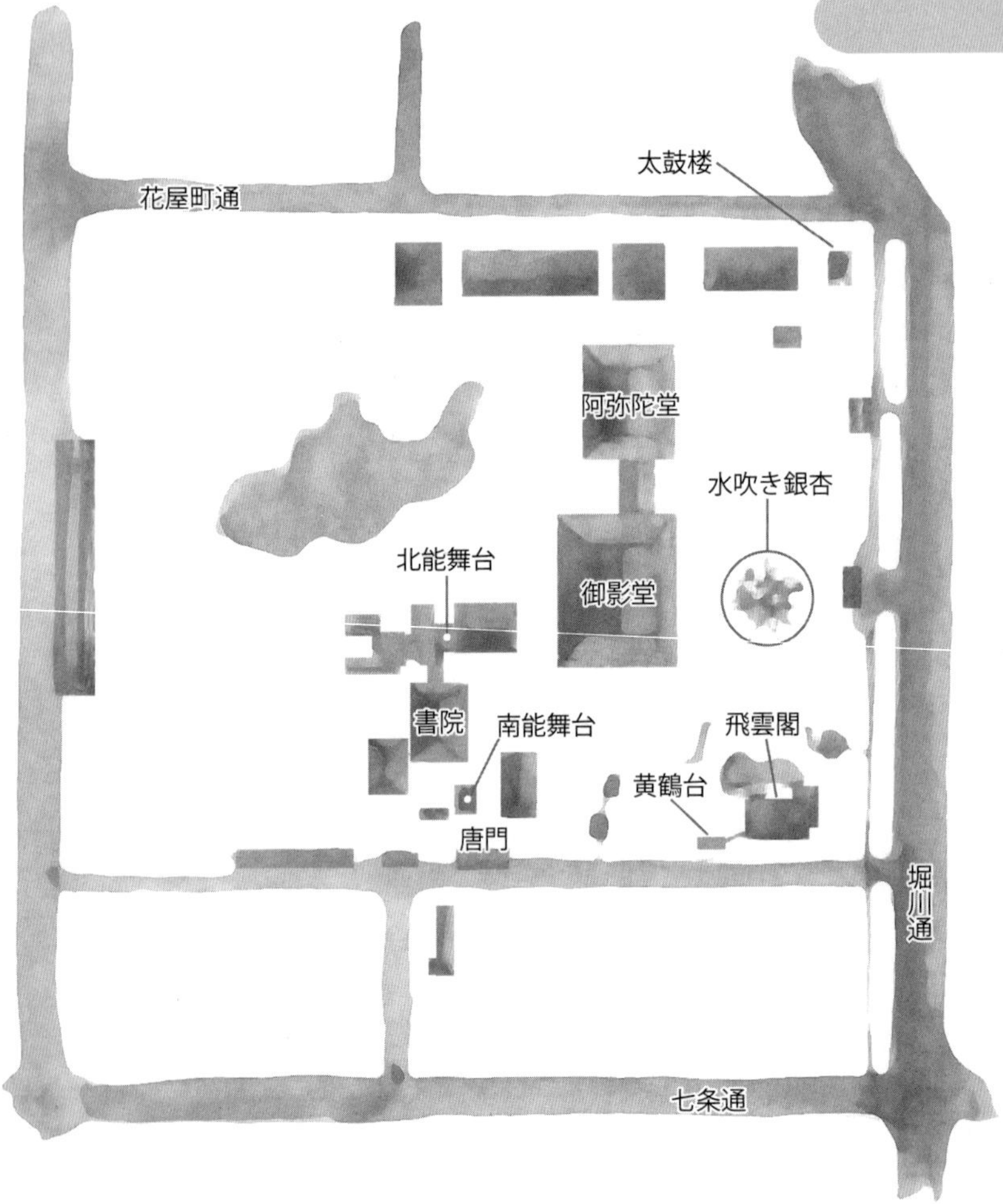

花屋町通
太鼓楼
阿弥陀堂
水吹き銀杏
北能舞台
御影堂
書院
南能舞台
飛雲閣
黄鶴台
唐門
堀川通
七条通

家康の時代になると、家康は本願寺がこのまま大きくなっては都合が悪いと考え、お寺を東と西のふたつに分けてしまい、あらたに東本願寺がつくられたのでございます。

ではご案内いたします。

皆さま、こちらにお集まりくださいませ。

御影堂・阿弥陀堂

まず正面のいちばん大きなお堂をご覧ください。

このお堂は御影堂《ごえいどう》と申しまして、江戸時代初期（一六三六）の建物です。内部は畳七〇〇畳敷の広さがあり、内陣《ないじん》中央には親鸞聖人の骨肉の御真影が安置されております。

御影堂の右どなりのお堂は阿弥陀堂《あみだどう》で、ご本尊の阿弥陀如来を安置しているこのお寺の本堂です。ふつうお寺の建物はご本尊をお祀りしている本堂がいちばん大きいのですが、浄土宗や浄土真宗では宗派を開かれた方を重んじて、御影堂の方が大きくなっております。

御影堂　　阿弥陀堂

銀杏

境内中央の大きな銀杏《いちょう》の木をご覧くださいませ。

こちらは天然記念物に指定されている「水吹き銀杏」と申しまして、西本願寺が天明の大火（一七八八）にあったとき、この銀杏の枝からいっせいに水がふき出し、火を消し止めたという伝説がございます。また、根が逆さまに地上に出ているように見えますので、「逆さ銀杏」ともよばれております。

飛雲閣

続いて左むこうをご覧くださいませ。

白い土壁が見えますが、あのなかは滴翠園《てきすいえん》というお庭になっておりまして、なかには三層の楼閣建築として有名な飛雲閣《ひうんかく》がございます。

この建物は、豊臣秀吉の京都の邸宅だった聚楽第《じゅらくてい》からうつされたともいわれ、書院造の茶室建築になっております。

飛雲閣

この滴翠園の内部に黄鶴台《おうかくだい》という蒸し風呂がございますが、ここから「ゆかた」と「ふろしき」の言葉が生まれたという説がございます。

当時はお風呂で湯気が直接体にあたるのはよくないと考えられていたため、湯帷子《ゆかたびら》という薄い衣《ころも》をまとって入ったそうです。そこから「ゆかた」が生まれ、また高貴な方を直接お風呂に座らせるのは申し訳ないというので、四角い布を敷いたそうですが、ここから「ふろしき」の言葉が生まれたといわれております。

書院

御影堂の奥には、書院、白書院、黒書院などの建物がありまして、欄間《らんま》や障壁画でかざられた対面所はじつに豪華なものでございます。

白書院の近くには南と北の能舞台があり、とくに北能舞台は現存する最古のもので、広島県宮島の厳島《いつくしま》神社の能舞台とともに、よく知られています。

ガイドからひと言

西本願寺の唐門《からもん》は必見です。とにかく彫刻が豪華で麒麟《きりん》、唐獅子、中国の故事などがうつくしく描かれています。

お寺の外へ出て南側正面から門を見上げると、あざやかな朱《しゅ》雀《じゃく》を見ることができます。

早朝（5時30分）から拝観できるので、じっくりながめてみてください。一日中ながめていても見飽きないところから「日暮門《ひぐらしもん》」ともよばれています。

鐘楼

鐘は太秦《うずまさ》の広隆寺《こうりゅうじ》からうつされ、先代の鐘は平安時代のものです。むこうに三角の変わった建物がありますが、太鼓楼《たいころう》と申しまして、いわゆる見張り台です。本願寺はたびたび迫害にあい、攻められることもしばしばありましたので、このような建物が必要だったともいわれています。

では車にお戻りくださいませ。

本能寺址

皆さま、おつかれさまでございました。

さて、右手に校舎が見えてまいりましたが、醒《めざ》める泉と書く醒泉《せいせん》小学校です。醒泉とは、むかしこの近くにあった佐女牛井《さめがい》（醒ヶ井）という目も醒《さ》めんばかりのきよらかな水の湧く泉のことです。

鎌倉時代のはじめ、この近くに源義経《よしつね》と静御前《しずかごぜん》の屋敷があり、庭には佐女牛井の水を汲み入れて身も心もきよらかになったと喜んだそうです。しかし、兄の頼朝《よりとも》と仲が悪くなり、奥州平泉で義経が亡くなったあとは、屋敷の場所すらわからなくなってしまいました。

また室町時代には、銀閣寺を建てた足利義政《よしまさ》にこの近くに住んでいた珠《しゅ》光《こう》が佐女牛井の水でお茶を献上したといわれております。

現在では佐女牛井と刻まれた石碑だけが立っております。


さて右手に、京都市立堀川高校の校舎が見えてまいりましたが、このあたりはかつて本能寺というお寺があったところで、織田信長が京都にきたときの宿泊所でした。

今から四三〇年ほど前の天正一〇年（一五八二）、織田信長はここに滞在し家来の羽柴秀吉を備中攻めに出陣させました。そして明智光秀に応援にいけと命じましたが、光秀は「敵は備中にあらずして本能寺にあり」とい

炎上する本能寺

う名せりふを吐きすてて本能寺に舞いもどり、主君信長を焼き討ちしてしまいました。信長は天下統一を目前にしながら家来に裏切られ、火の海のなかで自害してしまいました。

これが天正一〇年六月二日のできごとで、「本能寺の変」として歴史上あまりにも有名でございます。

その後、本能寺は豊臣秀吉の区画整理によって現在の京都市役所の近くにうつされましたが、今もこのあたりの元《もと》本能寺町という地名にむかしをしのばせております。

江戸時代の学者であった頼山陽《らいさんよう》は、そのときの光秀の心境をつぎのように詠んでおります。

「本能寺溝《みぞ》の深さは幾尺《いくせき》なるぞ、吾大事《だいじ》を為《な》すは今夕《こんせき》にあり、茭粽《こうそう》手にあり茭を併せて食ろう、四簷《しえん》の楳雨《ばいう》天墨《てんすみ》のごとし、老《おい》の坂西に去れば備中の道、鞭《むち》を揚げて東を指《さ》せば天猶《なほ》早し、吾が敵は正に本能寺にあり、敵は備中にあり汝《なんじ》よく備《そな》えよ」

二条城

見えてまいりました御門は二条城の正門、東大手門です。

今から四一〇年あまり前の慶長五年（一六〇〇）の関ヶ原の合戦に勝ち、三年後には江戸幕府を開いて天下の実権を握った徳川家康が、京都の守護と将軍の宿泊所としてつくったお城が二条城です。

お城の形成は平城で、大阪城や姫路城、名古屋城のように戦を目的としたものではありませんので、お堀も浅く石垣も低く、お城というより大きなお屋敷といった感じがいたします。

お城のなかは本丸と二の丸に分かれ、二の丸御殿は創建当時のまま残されており、国宝に指定されています。

二の丸御殿の廊下は忍《しの》び除《よ》けと申しまして、床下の金具の作用で人が通

元離宮二条城（二条城）　**【世界文化遺産】**
京都市中京区二条通堀川西入二条城町541
☎075・841・0096
8時45分～16時（二の丸御殿は9時～）12月26日～1月4日、7・8・12・1月の火曜休（祝日の場合翌日休）
入城料・一般600円、中高生350円、小学生200円

るとキュッキュッと音がいたします。しずかに歩くほど音がするといわれ、電気がなかった時代の防犯ベルの役割をはたしておりました。ある風流な方がこの音を聞いて、「鶯《うぐいす》の谷渡りの声のようだ」といわれたそうで、以来「鶯張りの廊下」とよばれるようになりました。

さて、長い歴史のなかで二条城では大きなできごとが三つありました。

まず慶長一六年（一六一一）、将軍職を三男の秀忠にゆずって駿府で隠居生活を送っていた家康が二条城にやってきて、大坂城にいた豊臣秀吉の息子、秀頼をよんで会見したことです。これは徳川が豊臣の優位に立ったことを世の中に印象づけたできごとでした。

二つ目は、徳川幕府の力を内外に誇り示すため、三代将軍家光が二条城に後水尾《ごみずのお》天皇を招いて盛大な宴会を催したことです。その後、家光は寛永一一年（一六三四）に三〇万人もの家来とともに上洛して入城しております。

そして三つ目は、幕末の慶応三年（一八六七）、最後の将軍となった徳川一五代慶喜《よしのぶ》が、土佐藩主山内容堂《ようどう》のすすめによって二条城に全国の主な大名を集めて会議をし、ついに政治の実権を天皇にお返しするという大政奉

二条城東大手門

還の決断を下したことです。これによって武士の時代は幕を閉じ、王政復古が実現されると同時に、近代国家への第一歩が踏みだされたのでございます。

その後、明治一七年（一八八四）に二条城は宮内省の所轄となり、二条離宮とよばれていましたが、昭和一四年（一九三九）から京都市が管理するようになり、ふたたび二条城とよばれるようになりました。

二条城の南側には、神泉苑《しんせんえん》という庭園がございます。

こちらは、平安時代には周囲一・五キロもあった禁苑で、貴族達が詩歌《しいか》管弦《かんげん》の宴《うたげ》を開いたり、お月見や船遊びをしたりしてたのしんだところです。

神の泉の苑と書いて神泉苑と申しますが、京都に大日照りが続いたとき、京都中の井戸が干からびてしまってもこの池だけはうつくしいお水をたたえておりましたので、これは龍神さまの力によるものだと考え、神の泉、神泉苑と名付けたそうです。さらに人々はこの池に丁寧語をつけて御池《おいけ》とよぶようになり、池の近くの通りを御池通とよぶようになりました。

徳川家康が二条城をつくるときに、神泉苑もかなり削られてしまいましたが、現在でも平安朝のおもかげをつたえております。

御池通を入ってまいりますと、二条陣屋《じんや》がございます。

江戸時代後期に建てられたという古いお屋敷で、現在も個人宅になっておりますが、京都にお屋敷を持たなかった大名の宿泊所として使われておりましたので、陣屋建築、防衛建築、数寄屋《すきや》建築などを取り入れたたいへんめずらしい建物となっています。

各部屋や廊下、風呂場にまで敵の侵入を防ぐさまざまな工夫や仕掛けがほどこされ、まるで忍者屋敷のような感じがいたします。装飾には数寄をこらし、外側は土蔵造で完全な防火設備がほどこされ、さらに音響効果を考えたお能の間や、陶板製の大名湯殿《ゆどの》など、各部屋の目的にあわせた創意工夫は数えきれないほどでございます。

たいへんおまたせいたしました。二条城に到着いたしました。

それでは二条城についてご案内させていただきます。

神泉苑

二条城周辺

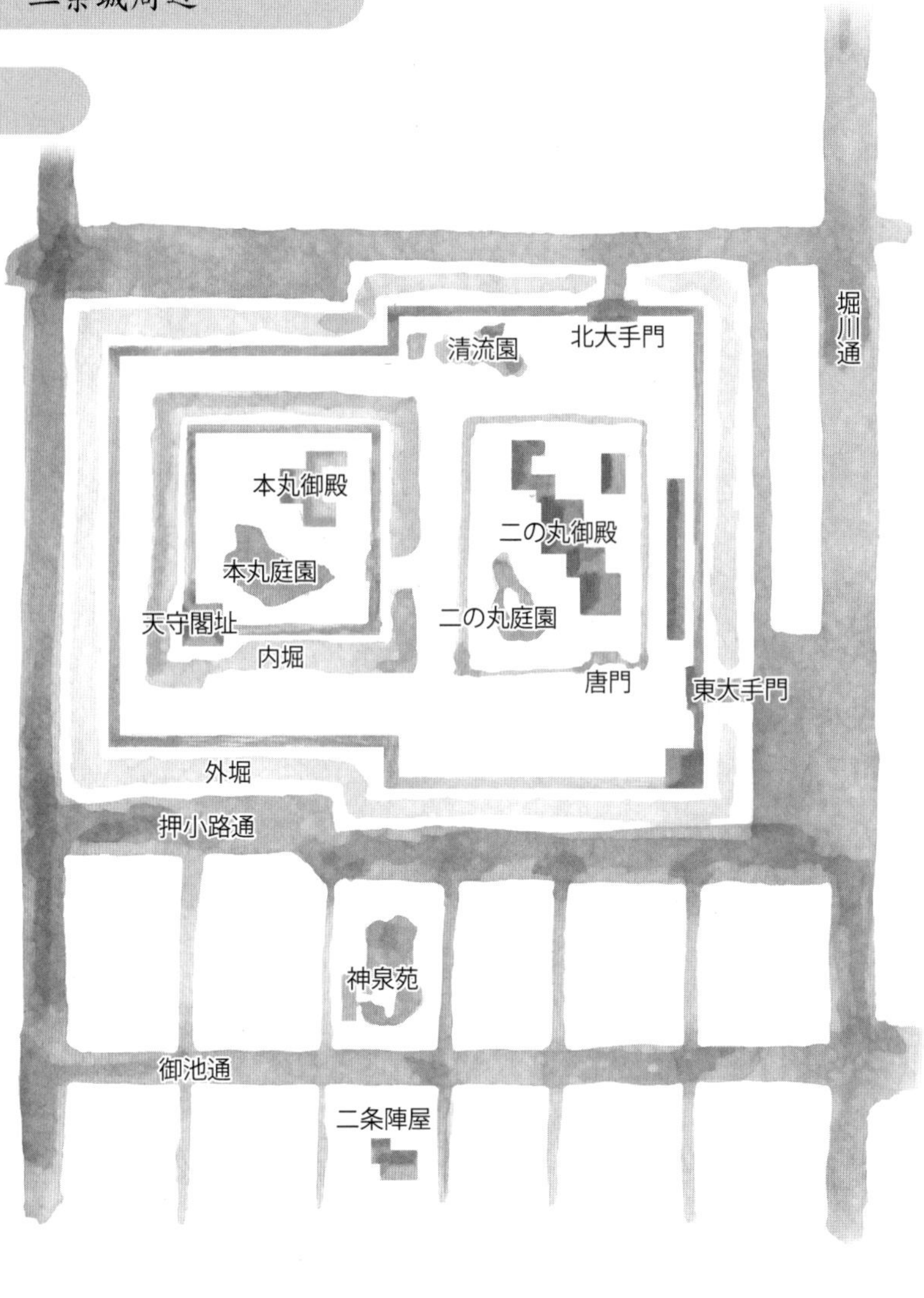
堀川通
清流園
北大手門
本丸御殿
二の丸御殿
本丸庭園
二の丸庭園
天守閣址
内堀
唐門
東大手門
外堀
押小路通
神泉苑
御池通
二条陣屋

二の丸庭園

こちらが唐門《からもん》です。

二の丸御殿の正門にあたり、伏見城からうつされたとつたえられ、庇《ひさし》の上の雲龍、竹虎、唐獅子牡丹の彫刻がみごとでございます。

こちらのお庭が二の丸庭園です。

小堀遠州の作といわれ、別名を「八陣の庭」と申します。

中国の『三国志』に登場するすぐれた軍師、諸葛孔明《しょかつこうめい》の館は、四方八方どこも守りが堅く、簡単に攻められないところから「八陣の館」とよばれておりましたが、このお庭もどの角度から見ても裏がないという四方正面のうつくしさですので、八陣の館の名前をいただいて八陣の庭と名付けられました。

池の中の島は、蓬莱《ほうらい》島、鶴島、亀島があり、長生きするといわれる鶴と亀にあやかったもので、縁起のよいお庭となっております。

清流園

こちらは昭和四〇年（一九六五）につくられた和洋折衷の庭園で、清流園と申します。京都の貿易商人、角倉了以《すみのくらりょうい》の屋敷にあった庭石や庭木を中心に設計され、芝生の広場ではお箏の演奏会や、野点《のだて》のお茶会なども開かれています。

本丸御殿

明治二六年（一八九三）、もと京都御苑内にあった桂宮家の御殿をうつしたもので、公家風のおしゃれな建物です。御殿前の庭園も同時につくられたものですが、文明開化の時代を反映して西洋風になっております。

また、本丸の奥の方には天守台がございます。ここには後水尾天皇の行幸に際して建てられた五層の天守閣がありましたが、落雷で焼失してしまい、今は石垣だけが残っております。

それでは車にお戻りくださいませ。

ガイドからひと言

二条城は京都市に下賜《かし》されてから、市の職員によって管理されています。

庭園の樹木のなかには「御所すかし」という独特の方法で剪定《せんてい》されたものもあり、この技も職員につたえられています。

また二条城の冬の風物詩「蘇鉄《そてつ》のこも巻き」も市の職員がおこないます。北海道や東北のお客さまは蘇鉄を京都で見ることができるとお喜びになります。

西陣

皆さま、おつかれさまでございました。

先ほどから車は堀川通を通っておりますが、この通りと平行して一段低くなったところを流れているのが堀川です。

平安京造営のときに運河としてつくられ、江戸時代になって友禅染《ゆうぜんぞめ》がさかんになりますと、この川で仕上げの工程の「洗い」がおこなわれました。

色とりどりの水が流れて、堀川の濁《にご》りが染色業の発展の証《あかし》とまでいわれていましたが、現在はすべての工程が工場のなかでおこなわれるようになりました。

右手にご覧いただけます堀川にかかる小さな橋は、一条戻橋《もどりばし》です。

ガイドからひと言

堀川では夏に「京の七夕」という行事がおこなわれます。堀川と鴨川の二ヶ所でLEDライトを使ってうつくしい川の流れをあらわします。

ところで当社のバスの車体のデザインは「友禅流し」の光景を図案化したものです。京都のバス会社なので京都らしいデザインにしているのですが、修学旅行の生徒さんにはサンマに見えるようです。

平安時代のはじめ、醍醐《だいご》天皇に仕えていた漢学者の三善清行《みよしきよつら》が亡くなり、お弔《とむら》いの列がこの橋にさしかかったとき、熊野へ修行に出ていた息子の浄《じょう》蔵《ぞう》が帰ってきました。浄蔵は父の柩《ひつぎ》にすがりつき、もう一度生き返ってほしいと涙ながらに仏天《ぶってん》に祈りますと、ほんのわずかの時間でしたが清行がこの世に戻ってきたといわれ、それより戻橋と名付けられました。

また、源頼光《らいこう》の四天王のひとりとして知られる渡辺綱《わたなべのつな》が、ここで美女に化けた愛宕《あたご》山の鬼に出会い、心を奪われかけましたが、堀川にうつった鬼の正体を見破り、片腕を切り落としたというお話がお芝居にもなっております。

この物語はそののち、鬼が渡辺綱のおばに変装してまんまと自分の片腕を奪い返すという、歌舞伎舞踊の「茨木《いばらき》」へと続いております。

かつて戦場へむかう人々は、無事に戻ってこられるようにと、かならずこの橋を渡って出陣したそうです。

反対にこれから結婚式場へむかう花嫁さんは、今も絶対にこの橋を渡ることはありません。

車はこれより西陣へ入ってまいります。

西陣という地名の起こりは、室町時代の応仁《おうにん》の乱（一四六七〜七七）のとき、鴨川をはさんで東に細川勝元の陣地、西のこのあたりに山名宗全《やまなそうぜん》の陣地があったところから西の陣地跡、すなわち西陣と名付けられました。

さて皆さま、西陣といえばすぐに伝統産業の西陣織が思いだされますが、わが国の絹織物は、すでに五世紀ごろには大陸から渡ってきた人々によってつくられていたそうです。これらの人々は織部司《おりべのつかさ》という役職をいただき、絹織物の発展につとめておりました。

しかし、応仁の乱がはじまり、京都中が焼野原となりましたので、織物職人は大坂の堺へ避難していきました。そのころの堺は、中国（明）との貿易をさかんにおこなっておりましたので、織物の新しい技術を習うことができたのでございます。

応仁の乱が終わってから京都に戻った職人さんは、自分たちの技術に地名をとって西陣織と名付け、金糸、銀糸の改良でさらにみごとな製品を生みだし、江戸時代には全国に西陣織の名が知られるようになりました。

ところが、明治になると文明開化の影響で洋服を着る機会が多くなり、西陣織の将来が心配されましたが、若い後継者をフランスへ留学させて技術研究を重ねたり、ジャガード機を買い入れて新しい製品を生みだすことに成功したりして、華麗な色と柄の織りなす西陣織の地位を不動のものとしたのでございます。

また、西陣の南側一帯が豊臣秀吉の豪華絢爛たる邸宅、聚楽第の跡でございます。

今から四三〇年ほど前の天正一五年（一五八七）、秀吉が造営した城郭風の建物で、東西六〇〇メートル、南北七〇〇メートルあったとされ、周囲にはお堀が巡らされておりました。時の後陽成《ごようぜい》天皇がおたずねになったこともありましたが、わずか八年で取り壊され、建物の多くは伏見城へうつされ、また一部はお寺にも寄進されました。西本願寺の飛雲閣や大徳寺の唐門が当時の遺構とされております。

ガイドからひと言

徳川十四代将軍家茂《いえもち》は、京都に上洛するにあたり、妻の和宮《かずのみや》に京のみやげは何がよいかとたずねました。

和宮は生まれ故郷の京の西陣織をねだります。しかし家茂は大坂城で亡くなり、和宮のもとには形見となった高価な西陣織が届きました。このとき和宮が詠んだ歌が心に響きます。

空蟬の唐織ごろもなにかせむ
　綾も錦も君ありてこそ

（きらびやかな織物が何になるというの、お見せするあなたがいてこそ価値があるのに）

千本通

これより千本通を横断してまいります。

平安京がつくられた当時、この通りは朱雀大路《すざくおおじ》とよばれ、大内裏《だいだいり》の朱雀門から都の入口にあたる羅城門《らじょうもん》まで通じる幅約八〇メートルのメインストリートでした。この通りを境にして西側を右京、東側を左京とよび、このよび方は今も京都市の区の名前として残っております。

うつくしく整備された朱雀大路には、桜や柳の並木が続き、牛車《ぎっしゃ》に乗った貴族たちがこの世の春を謳歌《おうか》しながら、ゆっくりゆっくり通っていきました。その光景は、

見渡せば柳桜《やなぎさくら》をこきまぜて都ぞ春の錦《にしき》なりける

北野周辺

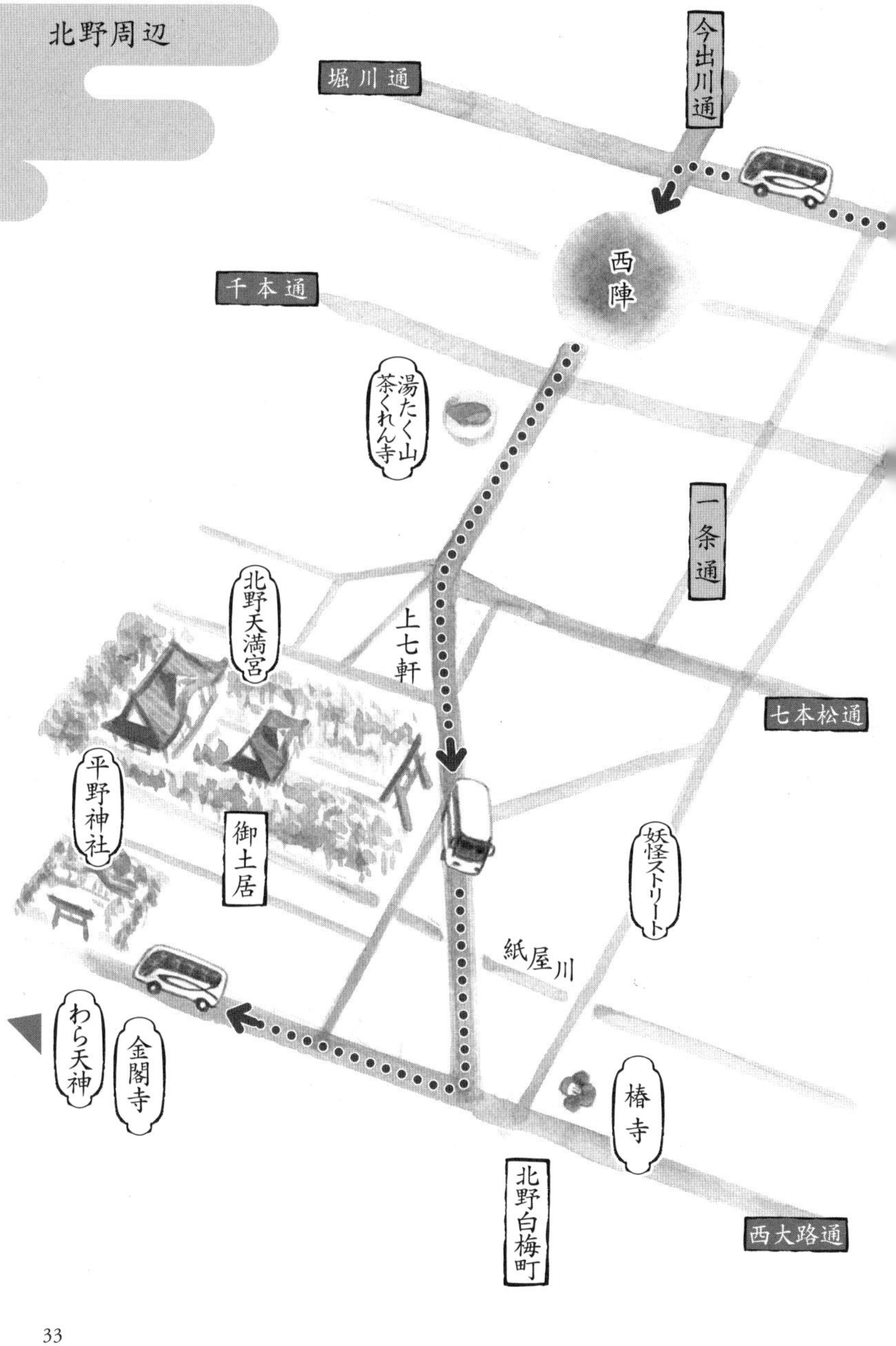
堀川通
今出川通
西陣
千本通
湯たく山茶くれん寺
一条通
北野天満宮
上七軒
七本松通
平野神社
御土居
妖怪ストリート
紙屋川
わら天神
金閣寺
椿寺
北野白梅町
西大路通

と、素性法師《そせいほうし》によって詠まれております。

しかし、高倉天皇の御代(一一七七)、大極殿《だいごくでん》をはじめとして京都の大半が火事で焼けてしまい、道路の整備もままならず、次第に道幅がせまくなっていきました。そして、火事の犠牲者を弔《とむら》う卒塔婆《そとば》がたくさん立ち、それが千本もあるといわれたところから千本通とよばれるようになりました。

このあたりから左奥が平安京の中心部だったところで、国会議事堂に当たる朝堂院《ちょうどういん》がございました。

朝堂院のもっとも大切な建物は国家的な儀式をおこなう大極殿ですが、今は石碑だけがのこされております。ここは、官公庁の集まりである大内裏が置かれたところで、奥の方には天皇のプライベートエリアの内裏があり、皇太子の住まいである東宮《とうぐう》、また天皇家の儀式をおこなう紫宸殿《ししんでん》もございました。しかし何度も火災にあい、室町時代の応仁の乱でもすっかり荒れて、後小松《ごこまつ》天皇以降は現在の御所が正朝《せいちょう》として使われました。

さて、この大内裏に勤務していたのが貴族たちです。

現代のお役所勤めは九時から五時が多いようですが、奈良時代から平安時代はシーズンに関係なく、夜明けと同時に仕事をはじめてお昼には終わっていました。朝のうちだけ仕事をする、そこから朝廷という言葉が生まれたのでございます。

位の高い役人は、大内裏の近くに家がありましたので楽に通勤できましたが、位の低い人は家が遠く、しかも徒歩通勤でしたので、夏など夜明けが早い季節は夜中の三時ごろ家を出なければならなかったそうです。そうして午前中に仕事を終えたあとはフリータイムですから、歌会《うたかい》を開いたり、鹿狩《しかが》りをしたりして、みやびやかな貴族文化が発展していったのでございます。

さて、右手に見えます小さなお寺の正式な名前は浄土院というのですが、「湯たく山茶くれん寺」というニックネームで広く知られております。

今から四百年あまり前の天正一五年（一五八七）、豊臣秀吉が近くの北野天満宮で大茶会を開き、伏見城へ帰る途中このお寺に立ち寄り、ここでも

浄土院（湯たく山茶くれん寺）
京都市上京区南上善寺町179
☎075・461・0701
10時～16時
拝観料・500円

お茶を飲みたいといったそうです。ところがお寺の人々は、今をときめく天下人の秀吉に粗末なお茶を出してはかえって失礼にあたると思い、わざとお湯を出しました。

不思議に思った秀吉は二度三度とおかわりをしましたが、出されるのはやはりお湯ばかりでした。伏見城に戻った秀吉は、家来からお寺の人の心づかいを聞いて、「あのお寺はお湯はたくさん出すけれどもお茶はくれないから、湯たくさん茶くれん寺と名付けよ」といったそうで、それ以来本当に湯たく山茶くれん寺とよばれるようになりました。

北野天満宮

右手に大きな石鳥居が見えてまいりましたが、学問の神様、菅原道真《みちざね》を祀る北野天満宮です。

ガイドからひと言

北野天満宮の近くの一条通は、ここで平安時代に貴族が鬼や妖怪の行列に出くわしたと『今昔物語』にあることから、「妖怪ストリート」として、店先に妖怪人形を展示しています。「妖怪コロッケ」や「妖怪ハンバーグ」といった名物もございます。

また夏の嵐電「妖怪電車」や秋の妖怪仮装行列「一条百鬼夜行」など、たのしいイベントも開催されております。

菅原道真は醍醐《だいご》天皇に仕え、右大臣として国の政治をおこなっておりましたが、左大臣藤原時平《ときひら》の陰謀で九州の大宰府《だざいふ》へ流され、二年後に亡くなってしまいました。

その後、京の都には落雷が相次いで起こり、村上天皇はこれは道真のたたりに違いないと思い、ここにお社《やしろ》を建てて道真の霊をなぐさめました。つまり、天神さまというのは雷の神様のことです。しかし道真は頭の良いおだやかな人でしたので、学問の神様としても信仰されるようになったのでございます。

また、菅原道真はたいへん梅の花が好きな人でしたので、

東風《こち》吹かばにほひおこせよ梅の花主《あるじ》なしとて春を忘るな

という有名な歌が思いだされます。この歌は「梅の花よ、主人の私がいなくても、春の風が吹いたらいつものようにうつくしい香りとともに咲いておくれ」という意味です。ところが、たいせつにしていた梅は一夜にしてご主人のもとへ飛んでいったといわれ、太宰府天満宮には京都から飛んで

北野天満宮
京都市上京区馬喰町
☎075・461・0005
5時～18時（10月～3月は5時30分～17時30分）
境内拝観自由（宝物殿・梅園は有料）

きたという飛梅が植えられています。北野天満宮の境内にもみごとな梅林がございまして、春にはふくよかな香りをただよわせております。

さて、こちらの境内には、狛犬のかわりに牛が置かれています。

むかしは年月日や時間、方角などすべて十二支であらわしましたが、道真は丑《うし》年にたいへんゆかりの深い方です。と申しますのは、お生まれになったのが丑年の承和一二年（八四五）六月二五日です。このような関係から牛が奉納されています。

そして、命日にあたる毎月二五日は、天神さんの縁日が開かれます。なかでも一月二五日は初天神《はってんじん》、一二月二五日は終《しま》い天神とよばれ、たいへんな人出でございます。とくに梅の花の季節に当たる二月二五日は特別に梅《ばい》花《か》祭《さい》と申しまして、上七軒の舞妓さんたちのお点前によるお茶席もあり、受験シーズンと重なることもあって、多くの参詣客でにぎわっております。

また、北野天満宮には豊臣秀吉が黄金の茶室を使って大茶会を催したときの井戸も残されています。

北野天満宮　境内の牛

間もなく小さな川を渡りますが、紙屋川《かみやがわ》と申しまして、豊臣秀吉が京都の区画整理をおこなったとき、洛中と洛外、つまり都の内と外を区切る境界線とした御土居《おどい》の名残がございます。

御土居は自然の川や人工的につくったお堀にそって、高さ五メートルくらいの土盛をめぐらし、都の内と外をはっきりさせたもので、七ヶ所に出入口を設けて通行料を取っておりました。室町時代にもすでに京の七口《ななくち》とよばれる関所がありましたが、豊臣秀吉が整備したのでございます。

現在でも丹波口、鞍馬口、粟田口《あわた》というように、口のつく地名が残っておりますが、これらは京の七口の名残でございます。

皆さまの後方には、通称椿寺とよばれる浄土宗の地蔵院がございます。

ここには豊臣秀吉の家来、加藤清正が朝鮮から持ち帰ったとつたえられる五色の八重椿があり、毎年四月ごろになりますと、紅、白、薄紅などの五色の花を咲かせ、散るときには花びらが一枚ずつ落ちていくことから「五色の散椿《ちりつばき》」ともよばれております。椿は散るときに花ごと落ちますので、

地蔵院（椿寺）
京都市北区大将軍川端町
☎０７５・４６１・１２６３
9時～16時
境内拝観自由

首が落ちるのに似ているということから武士は嫌うのですが、この五色の散椿は特別に好まれたようです。

地蔵院の境内には、赤穂浪士の吉良邸討入に際して、武器の調達に力を貸し、絶対に自分の力を他人にしゃべらなかった大坂の商人、天《あま》野《の》屋《や》利《り》兵《へ》衛《え》のお墓がございます。忠臣蔵のお芝居やドラマでは、「天野屋利兵衛男でござる」という名せりふで、心配する大石内蔵助に男の友情を示す場面がございます。

右手に大きな木立が見えますのが平野神社です。

平安京造営にともなって大和の国からうつされたもので、歴代の天皇が深く信仰され、のちに源氏や平家の氏神としても信仰を集めました。現在の社殿は江戸時代のものですが、平野造とよばれる特殊な形式になっております。

境内には桜の木が多く、祇園の夜桜とともに「平野の夜桜」として有名ですが、とくに桜の種類の多いことで知られ、約六〇種もございます。

⌂**平野神社**
京都市北区平野宮本町1
☎075・461・4450
6時～17時（桜の時期に夜間拝観あり）
境内拝観自由

⌂**敷地神社**（わら天神）
京都市北区衣笠天神森町10
☎075・461・7676
8時30分～17時
境内拝観自由

左手に見えてまいりましたお社《やしろ》は、木華咲耶姫尊《このはなさくやひめのみこと》をお祀りする敷地神社です。通称わら天神とよばれ、安産の神様として広く知られております。

ここで安産祈願をいたしますとわらの入ったお守りを渡されますが、なかのわらを見て節《ふし》があれば男の子、無ければ女の子が授かるといわれ、それがよく当たるところからわら天神とよばれるようになりました。

金閣寺

正面のお山に大という字が刻まれているのがご覧いただけますが、五山《ござん》の送り火のひとつ、大北山《おおきたやま》の左大文字です。

五山の送り火と申しますのは、盂蘭盆会《うらぼんえ》の行事で、京都の町に夏の終わりを告げる風物詩になっております。

八月一六日の夜、東山如意ヶ嶽《にょいがたけ》の大文字、松ヶ崎西山東山の妙法、西賀

ガイドからひと言

寺社が多い京都では、おみやげにお守りを買っていかれる方がたくさんいらっしゃいます。わら天神のお守りも安産のお守りとして人気がございます。ご家族やご友人のために安産祈願をなさっているお客さまのすがたを見るとあたたかな気持ちになります。

せっかく京都の社寺にお越しいただいたのなら、お守りを手にしてお参りしてからお渡しになってくださいませ。ご利益がございます。

茂妙見山《みょうけんさん》の船形《ふながた》、大北山の左大文字、北嵯峨曼荼羅山《まんだらやま》の鳥居形《とりいがた》にそれぞれ異なった文字と図形にあかりがともされます。起こりについては明らかではありませんが、お盆の間わが家に帰っていたご先祖さまの魂をまたあの世へお送りするとき、道に迷わないように明るくしてさしあげるためにはじめられたといわれています。

左大文字は、東山如意ヶ嶽の大文字が室町幕府がおかれた花の御所のお庭の池にうつり、それが反射した様子をあらわしているとされ、ふつうの大の字を鏡にうつしたように見えますので左大文字とよばれるようになりました。大きさは第一画が四八メートル、第二画が六八メートル、第三画が五九メートルで、火床《ひどこ》は五三ございます。

大北山の左大文字のふもとには、有名な金閣寺がございます。

正しくは臨済宗相國寺《しょうこくじ》派北山鹿苑禅寺《ほくざんろくおんぜんじ》と申しまして、鎌倉時代には西園寺公経《きんつね》の別荘だったところです。それを足利三代将軍義満《よしみつ》が、将軍職を辞めてから譲り受けて自分の別荘とし、うつくしい庭園や三層の金閣をつ

ガイドからひと言

「左大文字」は「大」「妙法」「船形」のあとに誕生したといわれております。明治時代には「大」の字に一画を加えて「天」としたこともあったようです。

金閣寺の駐車場からは左大文字だけでなく、如意ヶ嶽の大文字を望むこともできます。

8月16日、京都に住む人々はそれぞれの家から送り火をながめます。

お精霊をお送りし、また来年と、しみじみとした思いでながめるのでございます。

くって「北山殿《きたやまどの》」と名付けました。

義満は臨済宗を深く信仰しておりましたので、彼の死後、夢窓国師《むそうこくし》を開山（初代の住職）として鹿苑寺というお寺にし、通称金閣寺とよばれるようになりました。

おまたせいたしました。金閣寺に到着いたしました。

それでは境内を順にご案内させていただきます。

⌂鹿苑寺（金閣寺）【世界文化遺産】
京都市北区金閣寺町1
☎075・461・0013
9時～17時
参拝志納料・大人400円、小中学生300円

金閣

正面に見えますのが金閣でございます。

三層のうつくしい楼閣建築で、正しくはお釈迦さまの遺骨を祀った舎利《しゃり》殿《でん》と申しますが、二層目と三層目に金箔が貼られているところから、金閣とよばれています。

一層目は寝殿造の法水院《ほすいん》、二層目は武家造の潮音洞《ちょうおんどう》、三層目は中国風の禅宗仏殿造の究竟頂《くっきょうちょう》と申します。椹《さわら》の薄い板を何枚も重ねたこけらぶきの屋根の上には極楽浄土に住むという伝説の鳥、鳳凰《ほうおう》が輝いています。

金閣寺境内

金閣の頂に立つ鳳凰

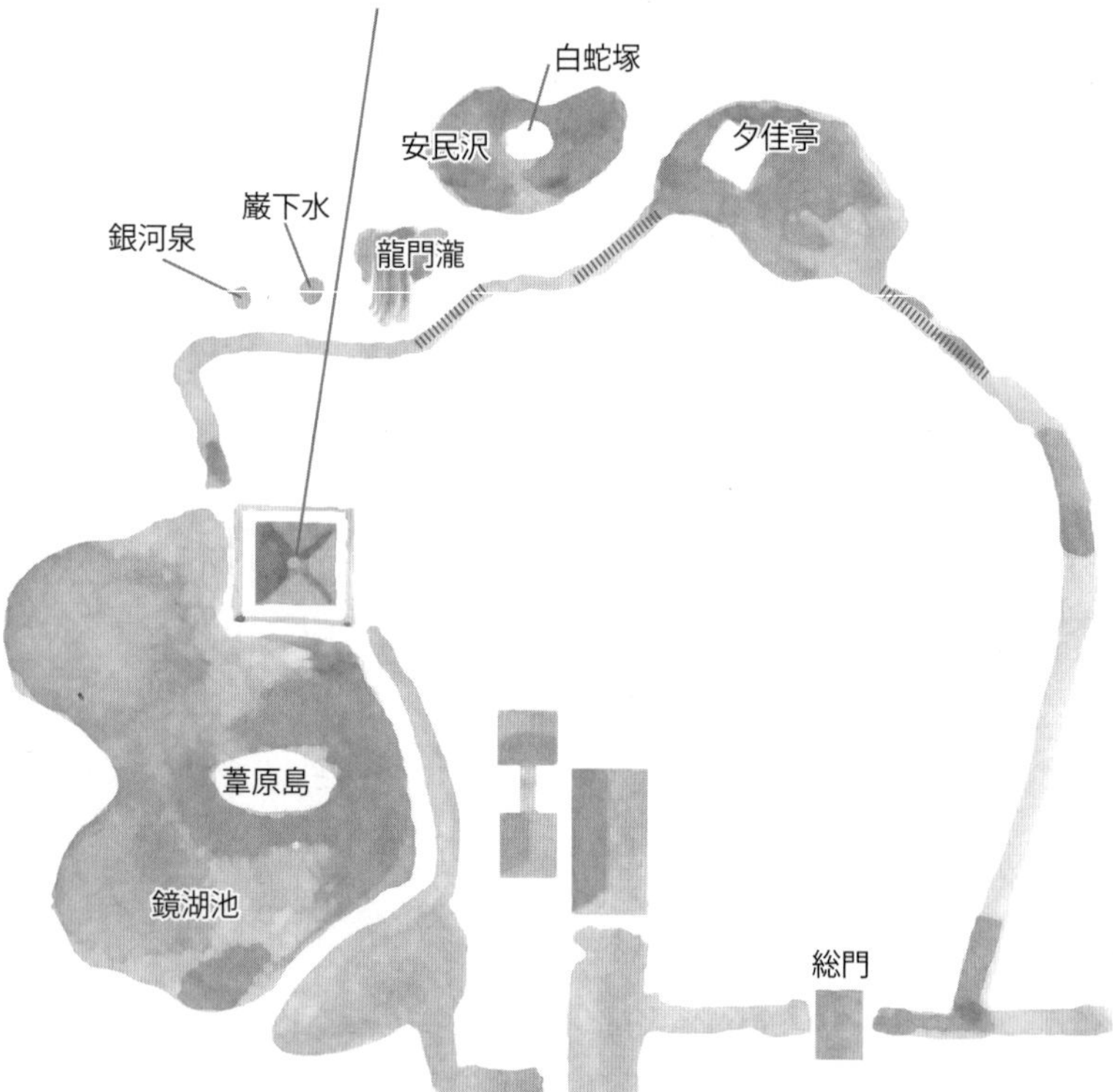

室町時代の金閣は、人々が想像していた極楽浄土そのものだったといわれておりますが、惜しくも昭和二五年（一九五〇）、ひとりのお坊さんの放火によって全焼し、現在の金閣は昭和三〇年に再建されたものです。

しかし、再建されて三〇年ほどたちますと、金箔の傷みが激しくなってきましたので、昭和六二年（一九八七）、工費七億四千万円で金箔の張り替え工事がおこなわれました。

純金約二〇キロを金沢の金箔職人さんが薄くのばして二〇万枚の折り紙のような金箔を作り、漆を糊のかわりにして四重、五重と貼り重ねたもので、多くの人の努力により室町時代の金閣がみごとに再現されたのでございます。

庭園

金閣寺の庭園は衣笠山を借景にした池泉回遊式庭園です。鏡湖池《きょうこち》に浮かぶ葦原島《あしはらじま》や、水にうつる金閣がうつくしく、池の陸舟《りくしゅう》の松は舟の形をしておりまして、足利義満がみずから植えたとつたえられています。

こちらの清水が涌いております泉は銀河泉《ぎんかせん》と申しまして、義満がお茶の水とした泉とつたわっており、巌下水《がんかすい》は手をきよめたお水とつたえられております。

そのとなりには鯉が瀧をのぼると龍になるという、中国の故事にならってつくられた鯉魚石がございます。これは鯉、つまり小さな人間でも、瀧のぼりのような試練によって、龍、つまり偉い人になれるというもので、端午《たんご》の節句には毎年鯉のぼりが立てられています。

安民沢《あんみんたく》という池には神様のお使いである白蛇がひそんでいるといわれ、義満も手を加えなかったところでございます。

夕佳亭《せっかてい》は江戸時代につくられた金森宗和《かなもりそうわ》好みのお茶室で、南天の床柱、萩の違い棚、鶯宿梅《おうしゅくばい》が有名です。また、お茶室前の石燈籠《いしどうろう》と富士型の手水鉢《ちょうずばち》は、銀閣をつくった義政《よしまさ》愛用のものをうつしたといわれています。お茶席横の石の腰掛は貴人榻《きにんとう》と申しまして、高貴な方のためのものとされております。

それでは車にお戻りくださいませ。

紫野

皆さま、おつかれさまでございました。

さて、人家の奥にこんもりとした岡が見えてまいりましたが、あちらが船岡山《ふなおかやま》です。近くの大徳寺のあたりから見ますと、船の形に見えるところから船岡山と名付けられました。

ここは平安時代、春の七草を摘む宮中の行事、子《ね》の日の遊びがおこなわれたところです。とくに娯楽もなく、外に出る機会も少ない時代でしたので、女性たちは皆精一杯おしゃれをしてやってきました。そして、摘んだ七草は宮中でお粥に炊きこんでお食事とし、健康を祈りました。これが今もおこなわれている七草粥のはじまりでございます。

船岡山は数多くの歌にも詠まれ、

ガイドからひと言

船岡山は京都を守護する四神相《しじんそう》応《おう》の地の北方の守護・玄武《げんぶ》の地といわれております。

四神相応の地とは北に玄武をあらわす山、南に朱雀《しゅじゃく》をあらわす湖、東に青龍《せいりゅう》をあらわす川、西に白虎《びゃっこ》をあらわす道にかこまれた土地のことを申します。

一説には、船岡山を玄武の山とするには低すぎるという意見もありますが、山頂からは京都の街を見渡すことができます。やはり玄武にふさわしい山は船岡山なのでしょう。

船岡の若菜摘みつつ君がため子《ね》の日の松の千代のおくらむ　清原元輔《もとすけ》
君がため春の野に出でて若菜摘むわが衣手《ころもで》に雪は降りつつ　光孝天皇

という有名な歌がございます。

また、平安時代末期、保元《ほうげん》の乱（一一五六）で崇徳《すとく》上皇側について敗れた源為義《ためよし》は、後白河天皇に味方した自分の息子の義朝《よしとも》に討たれ、義朝はまだ幼い弟たちをこの船岡山で打首にいたしました。身内であっても敵味方に分かれれば、戦のあとはかならずどちらかがかなしい結末をむかえます。義朝も好んで弟たちを斬ったのではありませんが、わずか一三歳の弟がさらに下の弟たちを諭《さと》して死んでいく様子に、兵者《つわもの》ども皆が涙を流したと『保元物語』に書かれておりまして、今なおかなしい語り草になっております。

また、山頂には織田信長を祀る建勲《たけいさお》神社がございます。

左に見える赤い鳥居をくぐって入ってまいりますと、正面に今宮神社がございます。

◆建勲神社
京都市北区紫野北舟岡町49
☎075・451・0170
拝観日中随時
境内拝観自由

今から一千年ほど前に疫病が大流行したとき、それをしずめるために大己貴命《おおなむちのみこと》、事代主命《ことしろぬしのみこと》、奇稲田姫命《くしいなだひめのみこと》をお祀りして造営されました。

むかしは医学が発達していませんので、春の花の咲くころ、疫病神が花粉に乗ってあちこちへ飛んでいき、病気をばらまくと考えられていました。そこで疫病神の怒りをしずめるお祭り、花鎮《しず》めの祭りがおこなわれるようになりました。このお祭りはのちに「やすらい祭」とよばれるようになり、毎年四月の第二日曜日におこなわれています。

花傘をさした人々がピョンピョン跳ね踊り、疫病はこのにぎやかさにつられて退散するそうで、花傘の下をくぐると病気にならないといわれております。このやすらい祭、牛祭（太秦広隆寺境内の大酒《おおさけ》神社・現在は不定期開催）、鞍馬の火祭（鞍馬山の由岐《ゆき》神社）を、京都三奇祭と申します。

そして今宮神社の東門の前には、むかしながらのあぶり餅のお店が二軒向いあって営業しております。あぶり餅はここだけでしか味わえないもので、親指大にちぎった餅を竹の串にさし、炭火であぶって焦がし、京風の白味噌のたれをつけていただくのでございます。

今宮神社
京都市北区紫野今宮町21
☎075・491・0082
拝観日中随時
境内拝観自由

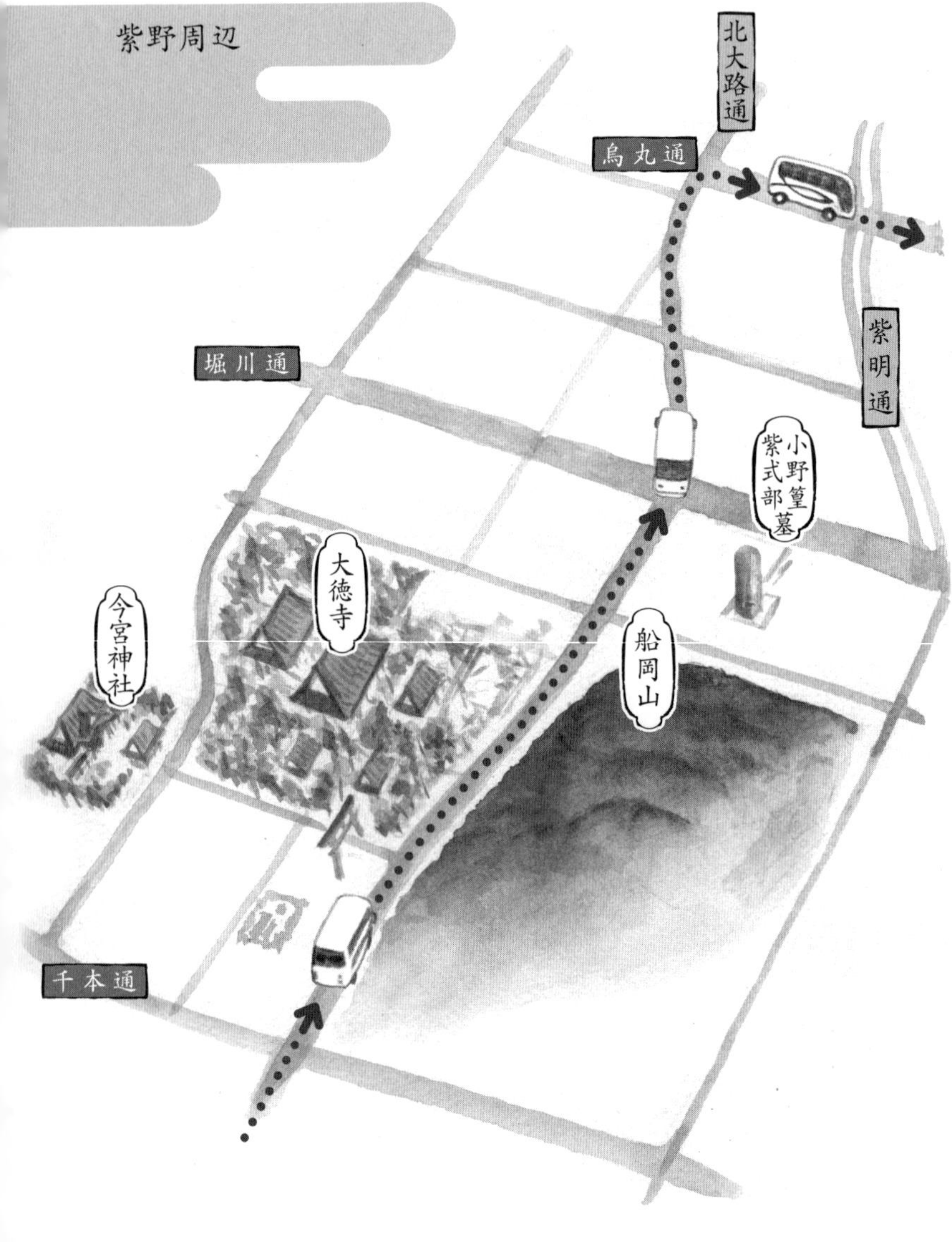
紫野周辺
北大路通
烏丸通
紫明通
堀川通
小野篁
紫式部
墓
大徳寺
今宮神社
船岡山
千本通

やってまいりましたこのあたりは、その名もうつくしい紫野《むらさきの》と申します。白壁の大きなお寺が見えてまいりましたが、紫野の大徳寺です。

この大徳寺は鎌倉時代の名僧、大燈国師《だいとうこくし》（宗峰妙超《しゅうほうみょうちょう》）によって創建されたお寺で、臨済宗大徳寺派の大本山です。

広い境内には三門、仏殿、法堂《はっとう》、方丈《ほうじょう》の建物が一直線にならび、その周囲を二四の塔頭《たっちゅう》寺院が取りかこみ、まことによく整っております。塔頭と申しますのは、ひとつずつ独立した小さなお寺のことで、それらを全部まとめて大徳寺とよぶのでございます。塔頭寺院のなかには、織田信長のお墓のある総見院《そうけんいん》、千利休や茶道の家元、千家のお墓のある聚光院《じゅこういん》、石田三成のお墓がある三玄院《さんげんいん》、頓知《とんち》問答でおなじみの一休さんを開祖とする真《しん》珠庵《じゅあん》など、有名なお寺がたくさんございます。

塔頭のひとつ大仙院は、室町時代に大聖国師（古嶽宗亘《こがくそうこう》）を開祖として創建されました。本堂の東側の庭園は大聖国師の作とつたえられる枯山水《かれさんすい》庭園で、石組や砂をたくみに使って瀧や海、宝船、鶴、亀などをあらわしております。

大徳寺
京都市北区紫野大徳寺町53
☎075・491・0019
拝観日中随時（通年公開されている塔頭は、龍源院、大仙院、瑞峯院、高桐院のみ）
境内拝観自由（塔頭拝観は有料）

また、江戸時代にタクアン漬を発明した澤庵《たくあん》和尚も大徳寺の住職でした。

さて、右手奥に小野篁《たかむら》と紫式部のお墓がございます。

小野篁は平安初期の漢学者で歌人としても知られ、嵯峨天皇に仕えていました。遣唐副使に命じられましたが、仮病を使って断りましたので天皇の怒りにふれ、日本海の隠岐島に流されたことがありました。このときに詠んだ、

わたの原八十島《やそしま》かけて漕《こ》ぎ出《い》でぬと人には告げよ海人《あま》のつり舟

という歌は『百人一首』でよく知られております。この歌は「海原の数多くの島々を目指して漕ぎだしていったと、都にいる恋しい人につたえておくれ、釣り舟の人よ」という意味でございます。

紫式部は平安中期の女流文学者で、『源氏物語』の原作者としてあまりにも有名です。式部の父の藤原為時《ためとき》は、中国の詩や文学にすぐれた人で、彼女はアカデミックな環境に育ちました。成人してから一条天皇の中宮《ちゅうぐう》、

ガイドからひと言

大徳寺の名物に大徳寺納豆がございます。これは一休禅師がつたえたものといわれ、糸引き納豆でも甘納豆でもありません。大豆を塩で辛く煮て乾燥させたもので、いわゆる禅寺の保存食です。一休さんのお墓のある京田辺市の一休寺では一休寺納豆とよばれています。大徳寺の各塔頭ではそれぞれの大徳寺納豆が作られています。

上東門院《じょうとうもんいん》（藤原道長の娘・彰子《しょうし》）に仕え、このとき、中宮からなにかおもしろい物語を書いてほしいと頼まれてつくったのが『源氏物語』です。

中宮に頼まれたもののなかなか筆の進まない式部は、近江《おうみ》の国の石山寺《いしやまでら》にこもって筋書を考えていました。そうしたとき、石山寺の前を流れる瀬田川に、うつくしくはえる月を見て須磨の海を連想し、これがきっかけとなって『源氏物語』の「須磨」「明石」の巻を書きあげることができたそうです。

式部はそれまで藤式部とよばれていましたが、『源氏物語』に登場する紫の上があまりにもすばらしかったため、紫式部とよばれるようになったともいわれております。

紫式部には『源氏物語』のほかにも、宮中での生活を記した『紫式部日記』や『紫式部集』などの作品があり、ライバルには、清少納言や和泉《いずみ》式部がおりまして、いずれも藤原氏の娘たちの家庭教師として活躍する一方、執筆活動もさかんにおこなっていたのでございます。

ではこれより烏丸通を南へ進んでまいります。

烏《からす》に丸いと書いて「からすま」と読みますが、平安時代は漢字の通り「からすまる」とよんでおりました。ところが、当時の人々のあごの骨は現代人と少し違いがあり「らりるれろ」の発音は聞き取りにくいものだったようで、そのうち意識的にからすまで止めるようになったそうです。

また、この通りは比叡山から京都の町へ修行に出てきたお坊さんの通り道でした。

ある夏の暑い日、烏のように日焼けして頭を丸めたお坊さんたちが通り、これが家のなかにばかりいた色白の貴族たちにはめずらしく、烏のような丸坊主ということから、烏丸になったという笑い話もございます。

相國寺

⌂相國寺
京都市上京区今出川通烏丸東入
☎075・231・0301
拝観日中随時
境内拝観自由（特別公開、承天閣美術館は有料）

間もなく左の人家の奥に木立が見えてまいりますが、臨済宗相國寺派大本山相國承天禅寺です。金閣寺や銀閣寺は、相國寺の山外塔頭です。

このお寺は足利三代将軍義満《よしみつ》が、室町幕府のとなりに大きな禅寺をつくりたいと考え、一〇年の歳月をかけて、今から六二〇年あまり前の明徳三年（一三九二）に完成させました。当時は一〇九メートルの七重塔や多くの塔頭《たっちゅう》をもち、京都五山の第二位に数えられ五山文学の中心にもなりましたが、応仁の乱や天明の大火で焼けてしまい、豊臣秀頼が再建した法堂《はっとう》以外は、江戸時代以降の建物でございます。

相國寺の鐘楼の北側に、伝説で有名な宗旦狐《そうたんぎつね》を祀る宗旦稲荷がございます。そのむかし、相國寺の雲水《うんすい》に化けて禅の修行をしていた狐がいたそうです。あるとき塔頭の慈照院で茶会が開かれ、千宗旦に化けたその狐はみごとなお点前を見せ、そののちも、ときどき宗旦に化けたとつたえられております。

境内には昭和五九年（一九八四）に開館した承天閣《じょうてんかく》美術館もございます。金閣寺や銀閣寺などの塔頭寺院にある貴重な美術品を展示しておりまし

ガイドからひと言

相國寺の塔頭慈照院の茶室「頤《い》神室《しんしつ》」は「宗旦好みの席」とも申しまして、床には宗旦に化けたといわれる伝説の宗旦狐の軸がかかっています。

茶室内の持仏堂の布袋像は機に応じて首をはずすことができ、千利休の首とすげかえて祀ることができます。

豊臣家の支援を受けていたお寺だけに、利休をあがめることができなかった時代背景がうかがえます。

て、国宝五点、重要文化財一四三点があり、なかなかみごとなものでございます。

やってまいりましたこのあたりは、室町時代の政治、文化の中心地であった室町幕府跡でございます。

ここには足利三代将軍義満《よしみつ》が、幕府の組織を確立するために造営した建物やうつくしい庭園が広がっていて、当時は室町殿《むろまちどの》とか花の御所とかよばれておりました。しかし、応仁の乱ですべてを失い、現在では小さな石碑が立っているのみでございます。

左手にレンガ造の大きな校舎が見えてまいりましたが、明治八年（一八七五）、アメリカから帰国した新島《にいじま》 襄《じょう》先生が、キリスト教精神に基づいて開いた同志社です。学舎は京田辺市の京田辺キャンパスとこちらの今出川キャンパスとに分かれておりまして、大学院まであり、約二万人の学生が学んでおります。

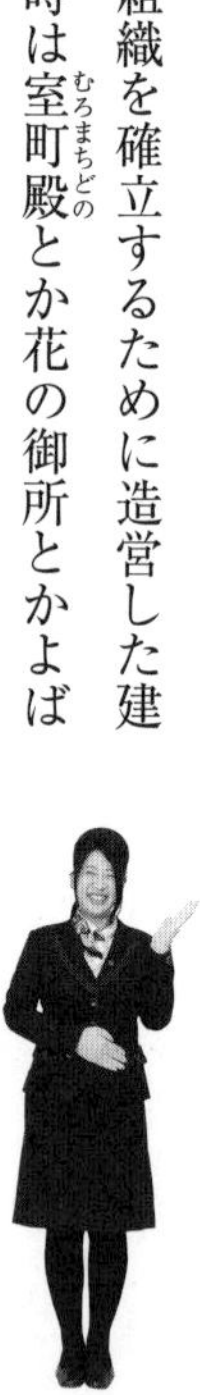

ガイドからひと言

同志社は同じ志を持つ結社という意味で名づけられました。今出川キャンパスには日本最古といわれるレンガ造の彰栄館などがあり、重要文化財に指定されています。
京都御苑と相國寺のあいだに建てられたモダンな建物も、百年以上の年月がたち、なじみの風景になりました。

また、同志社とならんで瓦屋根の古い家がありますが、冷泉家《れいぜいけ》です。ここは藤原定家《ていか》を先祖として代々和歌で御所に仕えてきた家柄で、こちらの時雨亭《しぐれてい》文庫には定家直筆の『明月記《めいげつき》』や『古今和歌集』など、国宝級の古文書数万点が保存されております。

京都御苑

左手に長い石垣と大きな森が見えてまいりましたが、京都御苑《ぎょえん》です。東西七〇〇メートル、南北一三〇〇メートル、周囲四キロの長方形で、広さは約九〇万平方メートルあり、甲子園球場の約二三倍の広さです。

この御苑のなかに京都御所がございます。

現在の京都御所は、土御門東洞院殿《つちみかどひがしのとういんどの》とよばれる里内裏《さとだいり》でしたが、今から

☖京都御苑
京都市上京区京都御苑3
☎075・211・6348
（環境省京都御苑管理事務所）
御苑内は随時見学自由
（京都御所、仙洞御所の拝観は、宮内庁京都事務所に要事前申込）

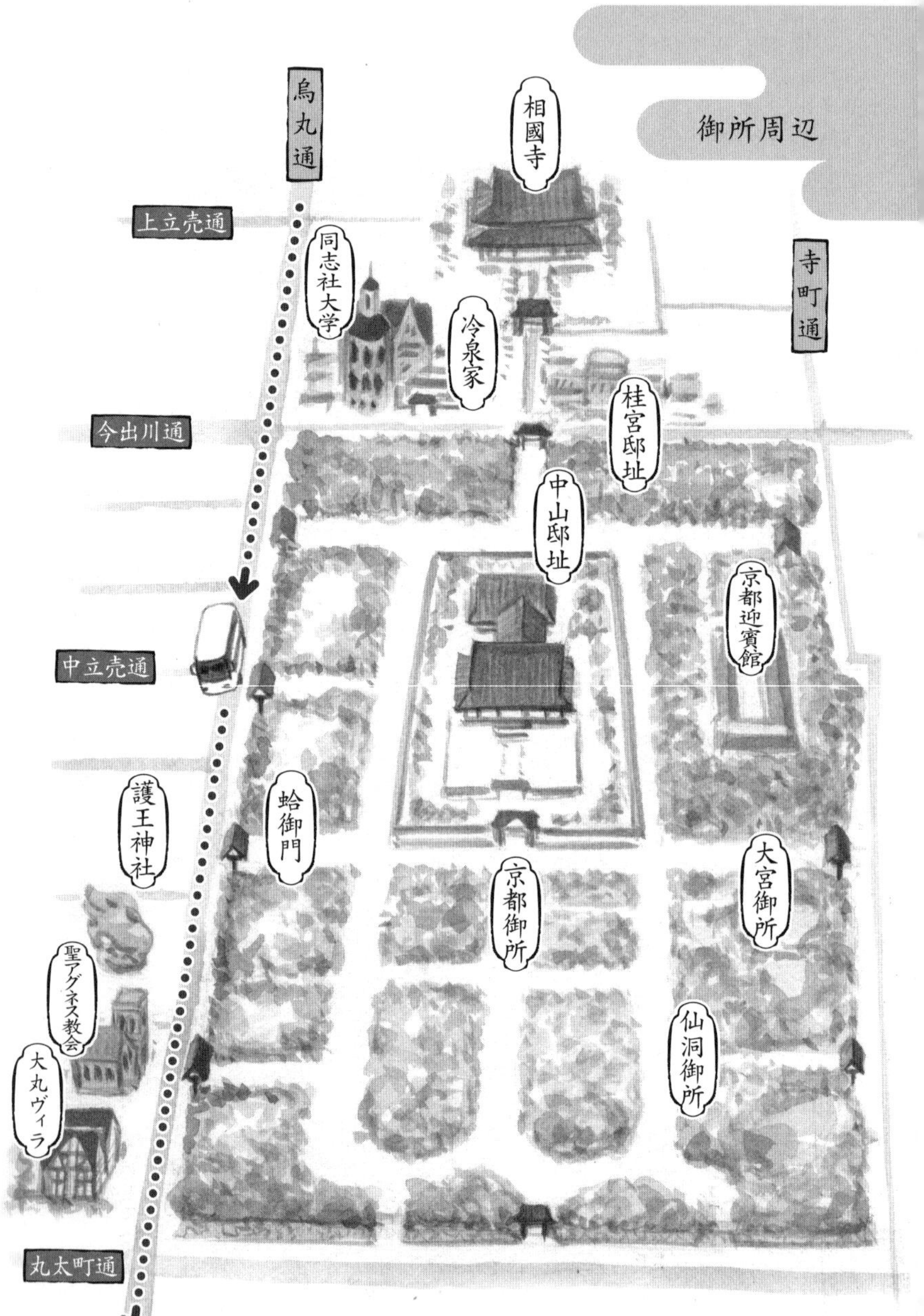

御所周辺
烏丸通
相國寺
寺町通
上立売通
同志社大学
冷泉家
今出川通
桂宮邸址
中山邸址
京都迎賓館
中立売通
護王神社
蛤御門
京都御所
大宮御所
聖アグネス教会
仙洞御所
大丸ヴィラ
丸太町通

六〇〇年ほど前の第一〇〇代後小松《ごこまつ》天皇のころに皇居と定められ、都が東京へうつるまで歴代天皇がお住まいになりました。

京都で戦がおこなわれた時代（源平の戦、応仁の乱、戦国時代）には御所もかなり荒れましたが、織田信長、豊臣秀吉、徳川家康らが復興につとめました。しかし、江戸中期の天明の大火でふたたび荒れてしまい、徳川幕府の老中、松平定信の努力によって再建されました。現在の建物は今から一五〇年ほど前の安政二年（一八五五）、徳川幕府により再建されたもので、平安京当時のたたずまいをしのばせております。

左奥の白壁の塀のなかには中山邸の址がございます。ここは明治天皇のお母さまの実家にあたり、邸内に残っている「祐《さち》の井」という井戸は、明治天皇のお名前、祐宮睦仁《さちのみやむつひと》親王から名付けられました。明治天皇が成人されてから詠まれた、

わがために汲みつとききし祐の井の水はいまなほなつかしきかな

ガイドからひと言

京都御苑は日本に三つしかない国民公園のひとつです（ほかは新宿御苑、皇居外苑）。「御所」というのは築地塀内の旧皇居のことを指し、その外側の部分を「御苑」とよんでいます。「御所」は宮内庁に、「御苑」は環境省に属しています。

という歌が残されております。中山邸の西には元桂宮邸址もございます。

御苑内には仙洞《せんとう》御所もございます。

仙洞とは上皇の住まいのことをいいますが、ここは徳川幕府が後水尾《ごみずのお》上皇のために小堀遠州を奉行として造営したもので、もとは「桜町の仙洞」とよばれておりました。

御殿はそののち三度の火災にあって焼失し、再建されませんでしたが、池泉回遊式の大庭園が残っております。

庭園はふたつの大池を中心にさまざまな石組を置き、池には橋をかけ草木を植え、茶室を配した林泉《りんせん》のたたずまいがみごとでございまして、俗に真行草《しんぎょうそう》の庭とよばれております。

仙洞御所の北側に、大宮御所がございます。

ここは徳川幕府が後水尾天皇の中宮、東福門院《とうふくもんいん》（徳川秀忠の娘）のために造営したもので、もとは仙洞御所と廊下でつながれておりました。

その後焼失してから再建されず、現在は常御殿《つねごてん》と付属の建物が残るだけですが、内部は洋風に改装され、天皇家の京都での宿泊所として使われております。

左手に蛤御門《はまぐりごもん》が見えてまいりました。

御苑には九つの御門がありますので、御所のことを九重《ここのえ》の奥ともよんでおりましたが、数ある御門のなかでも歴史上よく知られているのが蛤御門です。

幕末の元治元年（一八六四）、長州藩の武士たちは、天皇中心の政治に賛成する尊皇論や外国人を受け入れないという攘夷論をとなえたため、公武合体派に押されて力を弱めておりました。そこで勢力を回復しようと朝廷に願い出ましたが聞きとどけられず、武力で抗議することになり、この御門の近くで薩摩藩や会津藩とはげしい戦をくりひろげました。これが有名な「蛤御門の変」です。

結局勢力を盛りかえすどころか、長州藩はそれからしばらくの間、朝廷の敵であるという烙印を押される結果になりました。しかしその後、幕府の力はなくなっていき、尊皇論をとなえる人が多くなり、長州藩にも活躍の場がめぐってまいりました。やがて天皇中心の明治新政府が誕生しますと、もと長州藩の武士たちは新政府の重要なポストにつきました。かつて千円札の肖像画となった伊藤博文などは、その代表でございます。

この御門は普段は開けることがなかったのですが、宝永の大火のとき、火が門に迫ってきてやむなく開けましたので、焼かれて口を開く蛤のようだというところから、蛤御門と名付けられたともいわれます。

右のお社《やしろ》は護王《ごおう》神社です。

奈良時代後期から平安時代初期にかけて、政治の舞台で活躍した和気清麻呂《わけのきよまろ》と、その姉の広虫《ひろむし》をお祀りしております。

ところで神社には狛犬さんがありますが、ここには猪《いのしし》が置かれています。これは清麻呂が鹿児島へ流されたとき、大隅《おおすみ》から宇佐八幡宮へ参拝に向かった清麻呂を、三〇〇頭の猪が助けたという伝説にちなんだものです。

奈良時代の後期は、世の中の何もかもが仏教中心になり、お坊さんが政

⛩護王神社
京都市上京区烏丸通下長者町下ル桜鶴円町385
☎075・441・5458
6時～21時
境内拝観自由

治にまで口を出すようになっていました。とくに、大仏さまをつくった聖武天皇の娘、孝謙《こうけん》天皇の寵愛《ちょうあい》を受けた道鏡《どうきょう》というお坊さんは、自分が天皇になってやろうという野心を持つようになり、自分を天皇にするよう神のお告げがあったといいだしました。和気清麻呂は九州の宇佐八幡宮に出向いて、それが嘘であることをあばきましたが、当時力を持っていた道鏡はたいへん怒り、清麻呂を鹿児島の大隅へ流してしまいました。しかし、道鏡は孝謙天皇が亡くなりますと支持してくれる人もいなくなり、都から追放されてしまったのです。

その後、桓武天皇が京都へ都をうつすとき、清麻呂を政治の世界へよび戻し、それからの活躍を認めて、亡くなったあとは高雄の神護寺にお祀りされておりましたが、明治一八年（一八八五）、現在の地にうつされたのでございます。

右の通りは下立売《しもだちうり》通と申します。京都には中立売《なかだちうり》、上立売《かみだちうり》と三つの立売通がありますが、これは豊臣秀吉が京都の区画整理をしたとき、この三つの通りで立売り、すなわち露店の行商を許したところからこの名前が付きました。

右手のレンガ造の教会は、平安女学院の礼拝堂になっている聖アグネス教会です。明治三〇年（一八九七）に建てられたうつくしいゴシック建築で、歳月の重さを感じさせております。

続いて右手の塀のなかに洋風の建物が見えてまいりましたのが、大丸ヴィラです。大丸百貨店の一一代目当主下村正太郎が、社運回復をかけてヨーロッパへ渡ったとき、イギリスで一六世紀のチューダー王朝時代に流行した、チューダー様式の建物のとりことなりました。これは柱や梁を外部に出し、その間をレンガや漆喰で埋めた様式で、これにならって昭和七年（一九三二）に建てられたものです。桂離宮を「永遠なる美」と激賞したブルーノ・タウトは、ここに泊まって京都のあちこちをたずね歩いたといわれております。

ガイドからひと言

京都の子どもたちと同じように、新入社員のガイドたちも「京の通り名の歌」をおぼえます。地方出身のガイドにとってはたくさんの通り名をおぼえるのもひと苦労です。そこで強い味方となってくれるのがこの歌です。「まるたけえびすにおしおいけ」と口ずさみながら京都の地理をおぼえていきます。

さて皆さま、京都の町は南北の通りと東西の通りが規則正しく交差しておりますが、これから東西の横の通りをたくさん横断してまいります。

先ほどの丸太町通から五条通まで、横の通り名の頭文字をならべますと、「丸竹夷《まるたけえびす》二《に》押《お》し御池《おいけ》、姉三六角蛸錦《あねさんろっかくたこにしき》、四綾仏高松万五条《しあやぶったかまつまんごじょう》」となります。

これが童歌《わらべうた》として今も残っておりまして、子どもたちも道に迷うことなく、自分の家に帰ってきたのかもしれません。

左のビルの奥にお寺の屋根が見えますのが、六角堂でございます。正しくは紫雲山頂法寺《しうんざんちょうほうじ》という天台宗のお寺ですが、本堂が六角形になっていることから、六角堂とよばれています。

ここは聖徳太子が大阪の四天王寺《してんのうじ》をつくるとき、質のよい材木がたくさん手に入るように、如意輪観音《にょいりんかんのん》を祀って祈願したのが起こりとつたえられております。西国三十三所観音霊場第十八番の札所として知られ、また親《しん》鸞《らん》聖人がたびたび訪れて修行をかさね、浄土真宗を開くきっかけとなったお寺でもございます。

頂法寺（六角堂）
京都市中京区六角通東洞院西入堂之前町248
☎075・221・2686
6時〜17時
境内拝観自由

ガイドからひと言

六角堂は烏丸通からすこしなかに入ったところにありますが、手前のビルがガラス張りなので、ビル越しにご覧いただけます。このビルは「WEST18」と申しまして、西国十八番の札所という意味がございます。

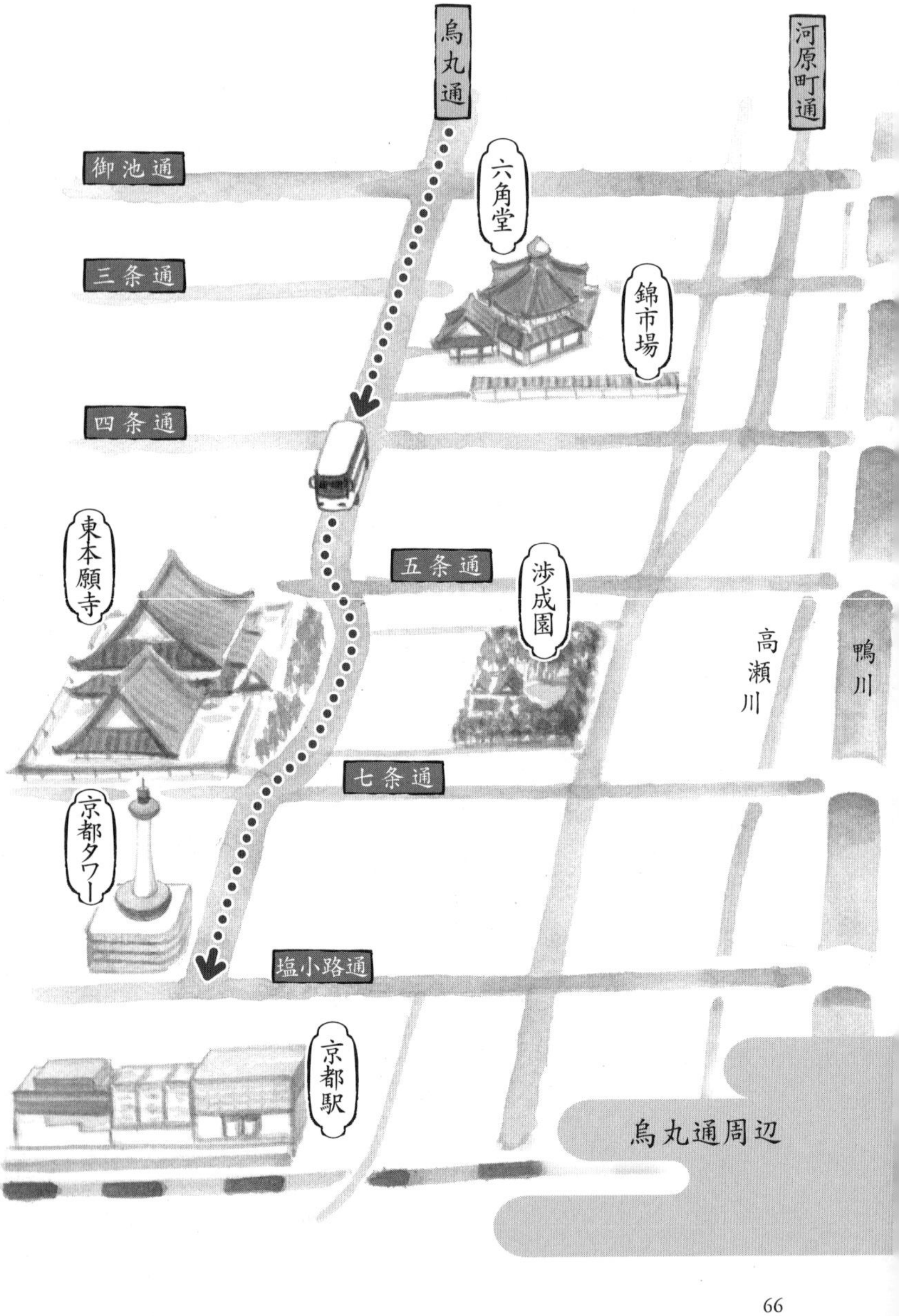
烏丸通
河原町通
御池通
六角堂
三条通
錦市場
四条通
東本願寺
五条通
渉成園
高瀬川
鴨川
七条通
京都タワー
塩小路通
京都駅
烏丸通周辺

境内には、へそ石とよばれている直径四二センチの石がございます。この石は中央にくぼみがあって、雨水がたまっております。へそ石という名前は、このあたりが都の中心であることと、石の形がおへそに似ていることから名付けられたそうですが、本当は石燈籠の台石だったようです。

六角堂の手前のビルが、華道の家元、池坊のビルです。池坊の起こりは、聖徳太子亡きあと、小野妹子《おののいもこ》が六角堂に住み朝晩欠かさずご本尊にお花を供えたことにはじまるといわれております。つまり池坊の祖は小野妹子ということで、今も池坊の家元が代々六角堂の住持《じゅうじ》をつとめております。

ここで錦小路《にしきこうじ》通を横断しますが、左奥の約四〇〇メートルにおよぶアーケードが、京都の台所といわれる錦市場です。豊臣秀吉が京都の区画整理をしたとき、ここに魚を中心とする市場を設けたのがはじまりです。

年末の買物風景はテレビでもよく紹介されておなじみですが、京料理の老舗の味はこの市場が支えているといえるのでございます。

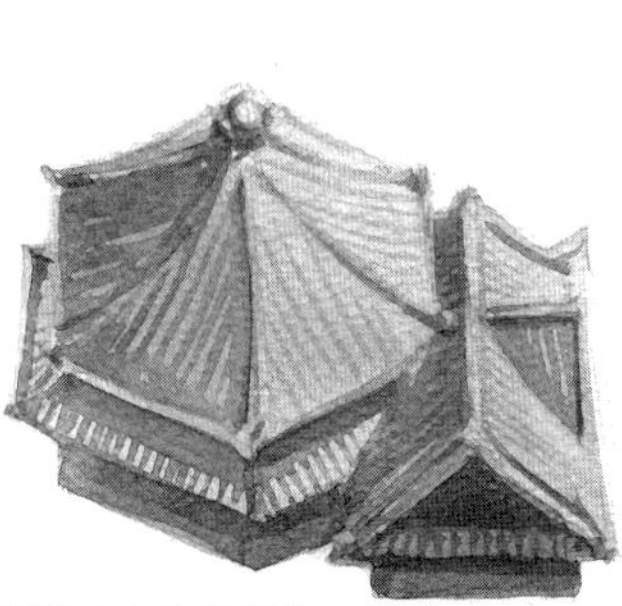

ビルの上から見た六角堂

さて、前方に京都のシンボル、京都タワーが見えてまいりました。

京都タワーは、東海道新幹線が開通した昭和三九年（一九六四）に建てられました。

ビルの高さが三一メートル、その上のタワーの高さが一〇〇メートル、合わせて一三一メートルの高さがあり、地上一〇〇メートルのところにドーナツ型の展望台があります。高さを一三一メートルにしたのは、当時の京都市の人口が一三一万人だったからです。

京都に高層ビルは似合わないのではないかとよくいわれますが、タワーをつくるときも賛成派と反対派に大きく意見が分かれました。話合いをかさねた結果、京都らしい形にすることで意見が一致し、建設に踏み切りました。

灯台をイメージしてつくられたそうですが、できあがってみますとろうそくのようにも見えます。しかし、京都は八百八寺といわれるほどたくさんのお寺がありますので、ろうそくのようなタワーも京都の町並みに溶け込んでおります。

東本願寺ごしに見る京都タワー

東本願寺

間もなく大伽藍《がらん》が見えてまいりますが、「お東《ひがし》さん」の名でしたしまれている東本願寺でございまして、正しくは真宗大谷派真宗本廟と申します。

おまたせいたしました。東本願寺に到着いたしました。

それでは東本願寺についてご案内いたします。

現在の東本願寺の建物は、ほとんどが明治時代に再建されたものです。

御影堂

まず正面のいちばん大きなお堂をご覧くださいませ。

このお堂は御影堂《ごえいどう》と申しまして、宗祖、親鸞聖人の木像を安置しております。内部は俗に千畳敷と申しまして、畳が九二七畳も敷かれています。

⌂真宗本廟（東本願寺）
京都市下京区烏丸通七条上ル常葉町
☎075・371・9181
5時50分～17時30分（11～2月は6時20分～16時30分）
境内拝観自由

東本願寺周辺

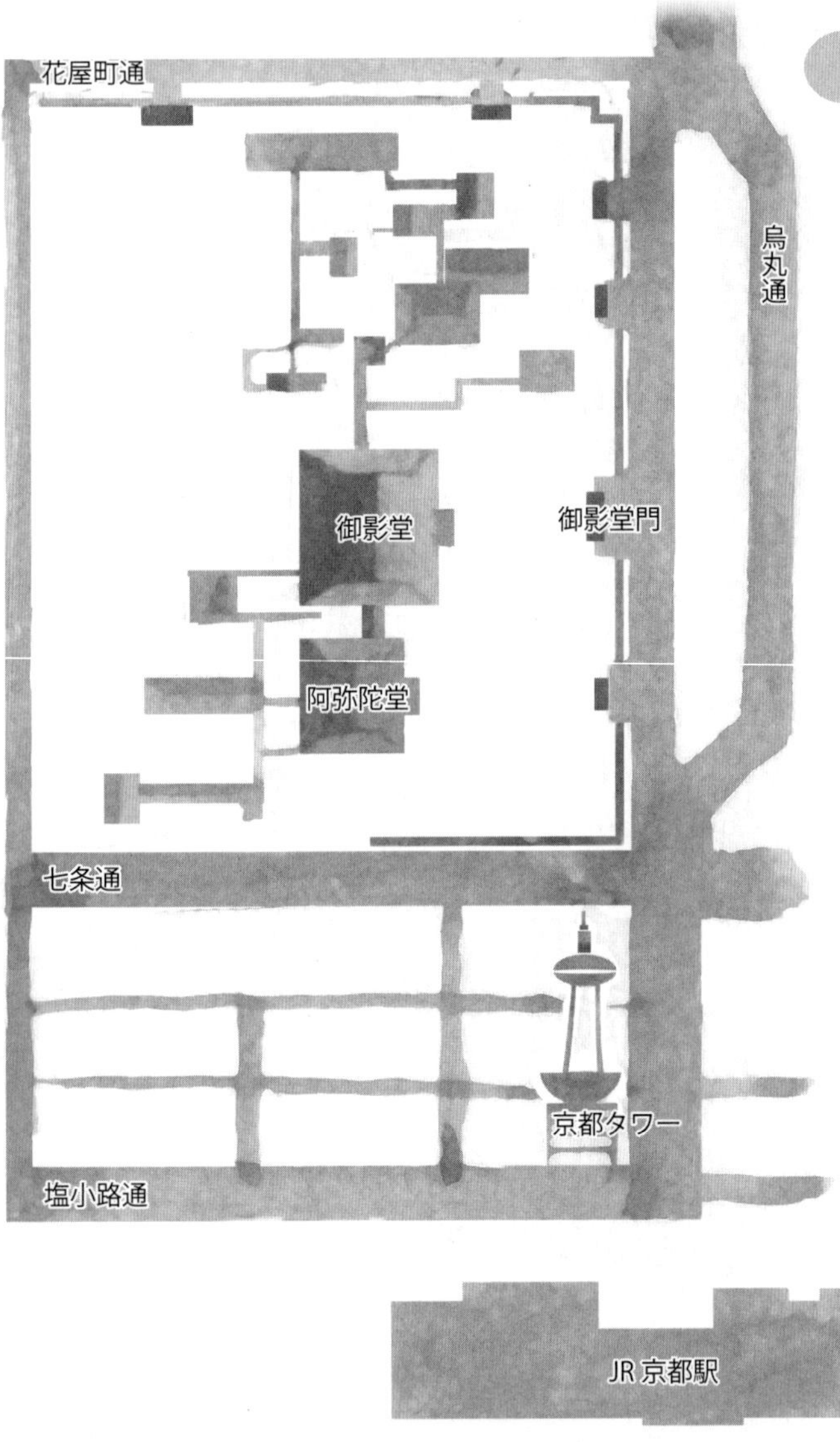

お堂の高さは三八メートルございまして、世界で最大の面積がある木造建築です。そのため屋根の瓦は一般民家の約四倍の大きさのものが使われておりまして、このお堂には二九四〇トンの重さがかかっているそうです。

御影堂のとなりのお堂は阿弥陀堂で、ご本尊の阿弥陀如来を安置しているこのお寺の本堂でございます。

毛綱

御影堂と阿弥陀堂を結んでいる廊下に、毛綱がございます。

東本願寺が再建された明治時代には、遠い木曾の山中から非常に太い材木を運ぶためのトラックも、鋼鉄のロープもありませんでした。そこで、髪の毛と麻をより合わせた毛綱をつくり、材木を曳いたり、重いものを棟上げするのに使ったそうです。

この毛綱に使われたたくさんの髪の毛は、主に真宗王国といわれる北陸方面の女性の信者さんたちが、ご本山のためならばと、女の命である黒髪をみずから断ち切って寄進されました。当時は五三本もあったそうですが、

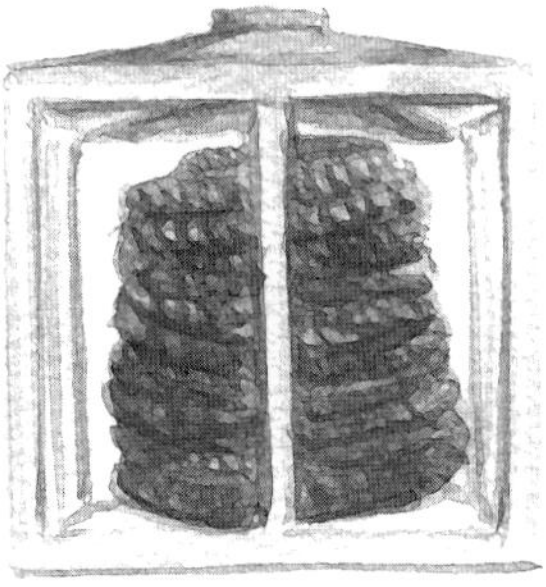
毛綱

現在三本のこされており、重さ三七五キロ、長さ五〇メートルあります。

ところで皆さま、パーマをかけていない女性の髪の毛は、一本で一五〇グラムの重さに耐えることができるそうですから、これを太く編みますと大きな材木を曳くこともできるわけでございます。

この立派なお堂をご覧いただきますと、いかに女性の力が偉大であるか、おわかりいただけると思います。

御影堂門

おそれいりますが、うしろをふりかえってご覧くださいませ。

あちらの御門は御影堂門と申しまして、高さ二八メートルあり、京都四大門のひとつに数えられております。

明治四四年（一九一一）につくられましたが、彫刻は桃山時代の特徴をよくとらえております。また、彫刻に金網が張られていますが、これは鳩が巣をつくらないようにするためです。

それでは車にお戻りくださいませ。

ガイドからひと言

東本願寺は京都駅にいちばん近いお寺ですので、列車の時間に余裕があればお立ち寄りいただけます。あの大きな木造建築は何度見ても圧倒されます。もう少しお時間があれば東本願寺の飛び地境内、渉成園もおたずねください。京都の中心部にあるとは思えない、しずかで緑いっぱいの庭園です。

皆さま、ながい車中、たいへんお疲れさまでございました。

ご予定のコースも滞りなくおわりまして、お別れのお時間となってまいりました。

本日は、浄土真宗の大本山・西本願寺、国宝の御殿が残る二条城、金箔もあざやかな金閣寺、雄大なお堂の東本願寺をおたずねいただきましたが、いかがでしたでしょうか。なにか心に残る思い出をお作りいただけましたでしょうか。

わたくしの未熟さで、なにかと不行き届きな点が多かったことと思いますが、お心広くおゆるしいただきまして、今後とも機会がございましたら、わたくしどもヤサカ観光バスをご利用いただきますようお願いいたします。

お話しておりますとお名残りがつきませんが、皆さまがたのご健康とご多幸を、そして明日からもたのしい旅が続けられますことをお祈り申し上げて、お別れのご挨拶とさせていただきます。

本日はご乗車ありがとうございました。

旗と笛

ガイドがご案内するときに必要なのが「旗」。高く掲げてお客さまの目印にします。背の低いガイドも目いっぱい高く掲げてお客さまに見えるようにがんばっています。

この旗を持ちたくて仕方がないのが修学旅行の生徒さんたち。うしろからひっぱってこられることもあり、そんなときは支障のないところですこし持たせてあげると納得してもらえます。

また、旗にはそれ以外にも重要な役目があります。下車していただく際、旗をバスにさして目印にしていただくのです。

皆さまがおそろいになったところで旗を降ろし、出発します。

旗とともにガイドにとって必須のアイテムなのが「笛」。バスをバックで誘導するときに使います。

簡単なようでいて、うまく吹けるようになるには時間がかかります。フーと音がぬけてしまわないように、ピーと強く吹かなければなりません。そして笛を吹く間隔で対象物との距離をドライバーに伝えます。

なにも障害物がない場合はゆったりと吹き、停止位置が近づくにつれ笛の間隔が短くなります。そして最後は連呼して思いきり大きく吹いて停車します。

ちなみに京都市内で最もバック誘導するのが難しいところのひとつが青蓮院の駐車場です。手前に大きな楠があり、駐車場に段差もあるためで、楠の枝に触れないよう、段差に乗り上げないよう、上下に目を配って誘導します。

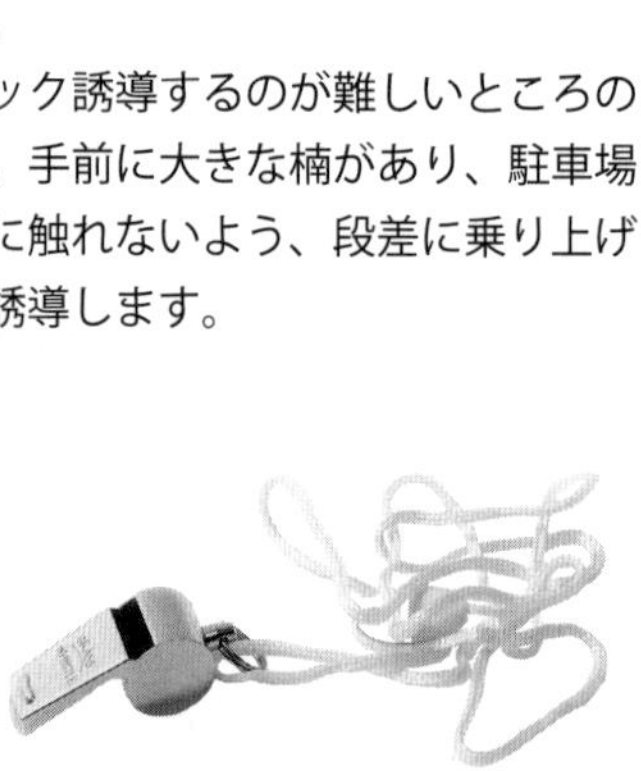

右手、左手

バスガイドは手を使ってご案内します。

うしろのお客さまにもわかるように、大きく手をあげて「右手をご覧ください」「左手に見えてまいりますお寺が……」と、対象物を指摘します。

この指摘が意外とむずかしく、慣れないうちはどうしても左右が逆になってしまうのです。というのも、バスガイドはお客さまの方を向いてお話しますから、左に見えるものを「右手に」と紹介してしまうのです。お客さまは着席していらっしゃいますので、わたくしどもとお客さまの左右が逆になるのです。

では、どうすれば左右を間違わずに指摘できるようになるのでしょうか。

それは、ドライバーがいる方を「右」とおぼえるのです。ドライバーが視界に入れば右、入らなければ左とおぼえておくと混乱せずに指摘することができます。

キャラバン

バスを複数台数連ねて走ることを「キャラバン（走行）」といいますが、そのキャラバンの先頭には先輩ガイドが乗車します。

先輩ガイドには、コースの打ち合わせをしたり案内内容の指示をだしたりする役目もありますが、いちばん大きな仕事はうしろにつく後輩ガイドの面倒を見ることです。

春の観光シーズン、大混雑する清水寺に新人ガイドを連れて行く先輩ガイドの責任は重大です。慣れない新人ガイドがちゃんとうしろをついてきているか、振りかえりながら自身のお客さまをご案内していきます。

新人ガイドとの間隔があいてしまったら、そのすがたが見えてくるまで、その場でとどまって余分にご案内し、すがたが見えたら次の説明ポイントまで進みます。

新人ガイドたちは、先輩の背中を見ると安心してご案内ができるのです。

ちなみに、関西のバスはキャラバン走行のときには、数字の大きい方から走ります。

たとえば五台のバスで走るとき、五・四・三・二・一号車の順で走ります。こうすると観光地の駐車場に入るとき、駐車場の係員の人に何台バスが入ってくるのかがすぐにわかります。

関西人らしい合理的な考え方ですが、いらち（せっかち）な関西人ならではのアイデアだともいわれます。

2 ぐるり、東山をゆく

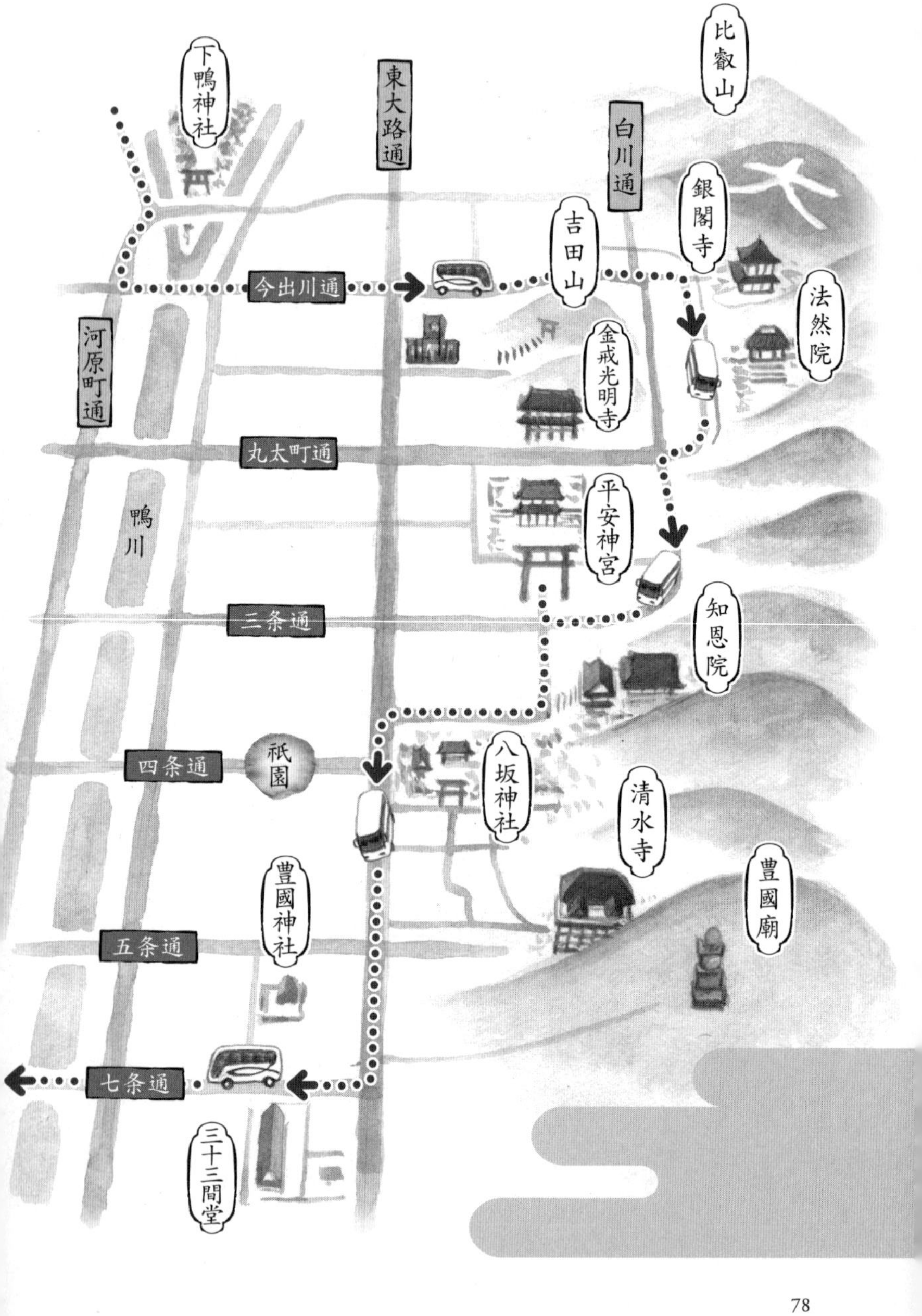
下鴨神社
東大路通
比叡山
白川通
銀閣寺
吉田山
今出川通
法然院
金戒光明寺
河原町通
丸太町通
鴨川
平安神宮
三条通
知恩院
四条通
祇園
八坂神社
清水寺
豊國神社
豊國廟
五条通
七条通
三十三間堂

皆さま、おはようございます。

本日もわたくしどもヤサカ観光バスをご利用いただきまして、まことにありがとうございます。

「千年の古都」京都でのお目覚めはいかがでしたでしょうか。

今朝は寒さもゆるみ、底冷えの京都の町にもようやく春の気配が感じられるようになりました。

今日も一日ごゆっくり、早春の古都のご散策をおたのしみくださいませ。

本日、ご縁がございまして、わたくしが皆さまのお供をさせていただきます。

まだまだ未熟者で、皆さまにじゅうぶんのご満足をいただけないかもわかりませんが、お心広くおゆるしいただきまして、今日一日、どうぞよろしくお願いいたします。

それではこれより東山に沿って、銀閣寺から平安神宮、知恩院をご見学いただき、京都駅までお送りさせていただきます。

加茂街道

皆さま、前方に宗教の母体、霊場比叡山が見えてまいりました。

世の中に山てふ山は多かれど山とは比叡の御山をぞいふ　　慈円

と詠まれておりますように、むかしから山といえば比叡山を指すほどの信仰の名山で、山頂から少し下ったところには日本仏教のメッカといわれる延暦寺《えんりゃくじ》がございます。

比叡山は京都府と滋賀県にまたがっておりまして、海抜八三九メートルの四明ヶ嶽《しめいがたけ》と八四八メートルの大比叡のふたつの峰を中心に南北につらなり、京都では単に叡山《えいざん》ともよばれています。

ながい間仏教の聖地としてうやまわれてきましたが、ドライブウェイが

🏠延暦寺　【世界文化遺産】
滋賀県大津市坂本本町4220
☎077・578・0001
東塔、8時30分～16時30分（12～2月及び、西塔、横川の巡拝時間は異なる）
巡拝料・大人700円、中高生500円、小学生300円（国宝殿拝観料は別途必要）

通じてからは誰もが簡単にのぼれるようになり、信仰と観光がみごとに溶けあったお山となりました。

　また、むかしから殺生禁断の地とされていたことが幸いして、野性の動物や鳥類が数多く生息しております。なかでも鳥類繁殖地として有名で、その種類は約八〇種あまりといわれ、山全体が天然記念物の指定を受けているほどです。

　さて、車はうつくしい桜並木の続く賀茂川の堤防に出てまいりました。

　このうつくしい流れと東山の山並みは、悠久《ゆうきゅう》一千年の夢と歴史を秘めてしずかにうつりゆく京都の町を、いつも見守ってまいりました。

　この風景こそ、京都人《びと》にとりましては心のふるさとなのでございます。

　今でこそおだやかな流れを見せる賀茂川ですが、平安時代にはたびたび氾濫《はんらん》を起こし、かの白河法皇でさえも「朕《ちん》の思い通りにならないものは、比叡山の山法師《やまほうし》と双六《すごろく》の賽《さい》の目、加茂川の水」となげかれたそうです。

　比叡山の山法師は、朝廷が彼らを大事にしすぎたためにわがままとなり、

ガイドからひと言

新緑や紅葉の時期、ふもとの八瀬から見上げる比叡山は、社寺とはひと味ちがう京都の自然の豊かさを実感させてくれます。八瀬からはケーブルとロープウェイで山頂まで楽に登ることができます。日本一の高低差561メートルのケーブルからは、手に取るように新緑や紅葉をながめながら空中散歩がたのしめます。

何か要求があるときは日吉《ひよし》大社の神輿《みこし》をかついで御所へ強訴《ごうそ》にきていました。また双六で賭《かけ》をするのが流行し、働かない者がふえてきました。賀茂川もいつ氾濫するかわからず、法皇の頭痛の種であったようです。

さて、むこうになだらかな姿を横たえておりますのが、「ふとん着て寝たる姿や東山」と、服部嵐雪《らんせつ》に詠まれている東山でございます。俗に東山三十六峰と申しまして、京都の東側に比叡山を筆頭として、大文字の如意ヶ嶽《にょいがたけ》、知恩院のある華頂山《かちょうざん》、清水寺の音羽山《おとわやま》、豊臣秀吉のお墓のある阿弥陀ヶ峯《あみだがみね》など、名所旧蹟のある山々がいちばん南の伏見の稲荷《いなり》山《やま》までつらなっております。

また、この東山は中国の六六山《ろくろくさん》に似ているといわれ、むかしは六六山ともよばれておりました。六かける六は三六となりますので、東山三十六峰といわれるようになったのかもしれません。

ガイドからひと言

なだらかな東山三十六峰の山並みと賀茂川の流れは、京都で生まれ育った方にとって心安らぐ風景です。
そしてこの風景に欠かせないのが、ふたばの「豆もち」です。賀茂川の景色を見ると豆もちを買う行列を思い出し、ついつい食べたいなと思ってしまいます。塩のきいた豆があっさりした餡を引き立てていて、などと思っているうちに並んで買っていて、賀茂川をながめながら家に帰るまでにパクリ。

下鴨神社

間もなく賀茂《かも》大橋を渡ってまいりますが、渡りますとき、上流をご覧くださいませ。

緑の糺《ただす》の森を中心にして、向かって右に高野《たかの》川、向かって左に賀茂《かも》川が流れているのが見えてまいります。ふたつの流れは賀茂大橋の下で合流し、鴨と書く一本の鴨川となります。

高野川と賀茂川とにはさまれた糺の森のなかに、下鴨神社がございます。正しくは賀茂御祖《かもみおや》神社と申しまして、山城の国の創始者として崇《あが》められている賀茂建角身命《かもたけつぬみのみこと》と、その娘の玉依媛命《たまよりひめのみこと》をお祀りしております。

賀茂川のさらに上流には上賀茂神社がございまして、このふたつのお社《やしろ》

⛩賀茂御祖神社（下鴨神社）【世界文化遺産】
京都市左京区下鴨泉川町59
☎075・781・0010
6時30分～17時（糺の森は随時）
境内拝観自由

⛩賀茂別雷神社（上賀茂神社）【世界文化遺産】
京都市北区上賀茂本山339
☎075・781・0011
拝観日中随時
境内拝観自由

のお祭りが、毎年五月一五日におこなわれる葵祭《あおいまつり》です。

葵祭は別名を賀茂祭とも申しますが、祭りに参列する人々の衣服や、行列の御所車なども、葵の葉で飾られるところからこの名があります。

お祭りは今から一四七〇年ほど前の、第二九代欽明《きんめい》天皇の時代にはじまったといわれ、五穀豊穣《ごこくほうじょう》を祈るものでした。都が京都へうつってからはますます盛大なものとなり、清少納言もお祭りといえば賀茂祭が最高であると、『枕草子』のなかで絶賛しています。

路頭《ろとう》の儀、社頭《しゃとう》の儀とおこなわれますが、最も人気があるのは、やはり路頭の儀です。まるで絵巻物を見るような、平安時代の風俗そのままの行列が市内を巡行し、春から初夏へうつろうとする京都の町は、平安時代へタイムスリップしてしまいます。

ガイドからひと言

京都では毎年小正月（1月15日）に「あずのおかいさん」を食べる習慣があります。小豆、お餅をやわらかく煮ておかゆのなかに入れたもので、一年間の邪気を払い万病を除くといわれています。下鴨神社でも小正月に小豆かゆ、大豆かゆを神前に供えて国家安泰を祈願された後、11時ごろからおかゆが接待されます。

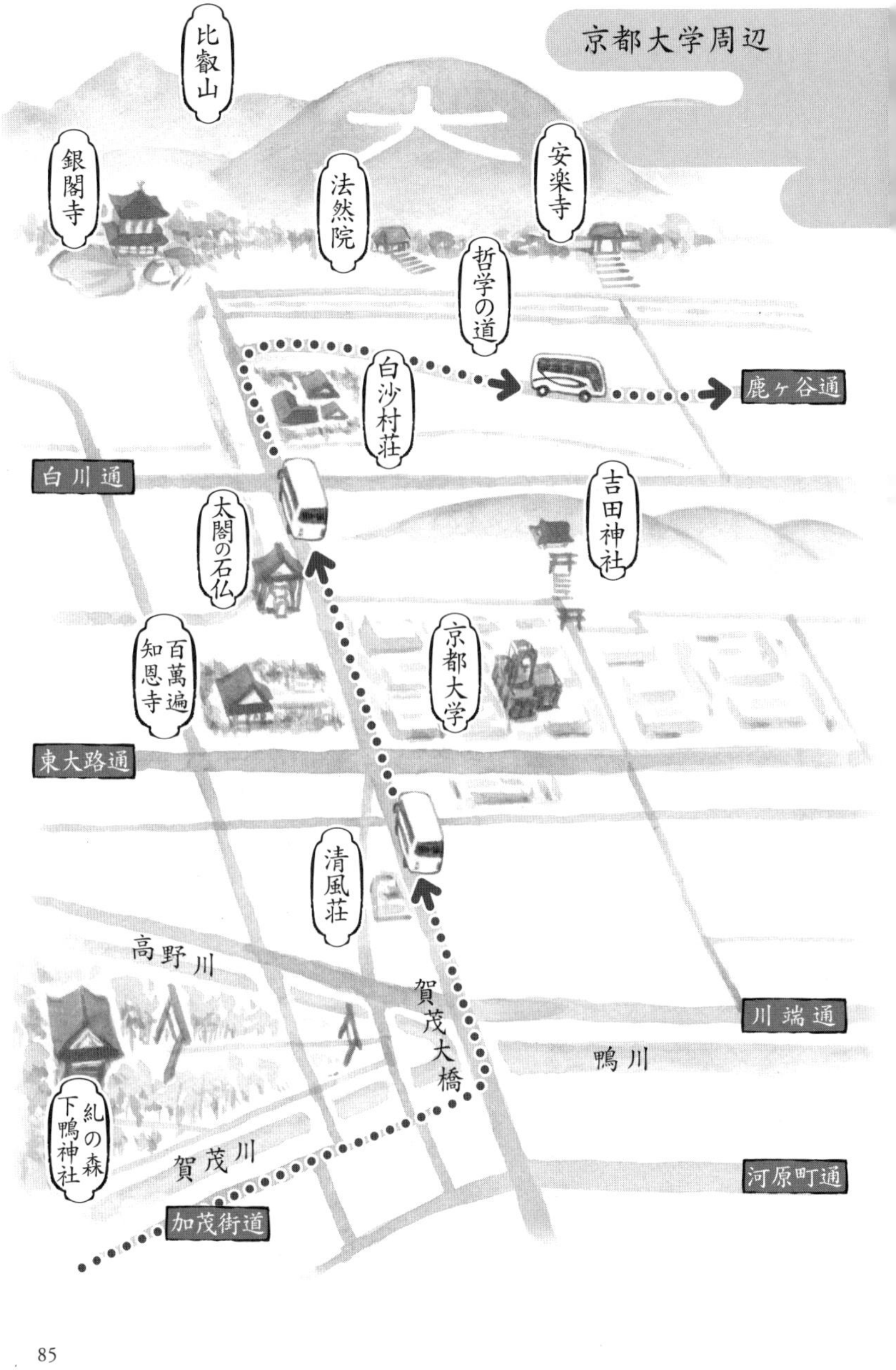
京都大学周辺
比叡山
銀閣寺
法然院
安楽寺
哲学の道
白沙村荘
鹿ヶ谷通
白川通
吉田神社
太閤の石仏
百萬遍知恩寺
京都大学
東大路通
清風荘
高野川
賀茂大橋
川端通
鴨川
糺の森下鴨神社
賀茂川
河原町通
加茂街道

京都大学

左手に見えております石垣と木立ちの続くところは清風荘《せいふうそう》と申しまして、もとは藤原家の一派、徳大寺《とくだいじ》家の別荘でした。

徳大寺家は鎌倉時代に一度失脚しましたが、後徳大寺《ごとくだいじ》左大臣実定《さねさだ》が再興して充実させました。徳大寺実定は、「ほととぎすなきつる方をながむればただ有明の月ぞ残れる」と詠みました。するとある方に、「ほととぎすなきつる方にあきれたる後徳大寺の有明の顔」とからかわれたというお話が残っております。

明治以降は政治の世界で活躍した西園寺公望《きんもち》の別荘となり、小川治兵衛《じへえ》が近代的な庭園をつくりあげました。現在は京都大学の迎賓館として使われています。

車は百万遍の交差点にやってまいりました。

京都の道路はむかしの条坊制の名残りで、南北の通りと東西の通りが規則正しく交差しておりますので、交差点の名前はその南北東西の通りの名前を合わせてよぶようになっております。

ここは東大路通と今出川通の交差点ですから、本来は東大路今出川とよぶのが正しいのですが、すぐ近くに百萬遍知恩寺があるところから、特別に百万遍とよんでおります。

百萬遍知恩寺は法然上人が念仏道場として開いたところで、浄土宗鎮西《ちんぜい》派《は》の大本山です。

室町時代のはじめ都に疫病が大流行したとき、このお寺の空円善阿《くうえんぜんな》上人が後醍醐《ごだいご》天皇の命令で宮中に出向き、七日間に百万遍のお念仏をとなえますと、たちまち病気が治りました。天皇はたいへん喜んで、知恩寺に百萬遍の称号を授けたといわれております。一度おまいりしただけで、百万回おまいりしたご利益があるそうです。

⛩百萬遍知恩寺
京都市左京区田中門前町103
☎075・781・9171
9時～16時30分
境内拝観自由

さて、右手に見えてまいりました大きなキャンパスが、京都大学です。

京都大学は明治三〇年（一八九七）に創立された総合大学で、大学院と合わせて約二万人の学生が在籍しております。

左手に見えますのが理学部で、ここには昭和二四年（一九四九）、わが国初のノーベル賞（物理学賞）を受けた湯川秀樹博士の記念館がございます。

その後にノーベル賞を受けられた京都大学ゆかりの方々は、朝永《ともなが》振一郎博士（昭和四〇年・物理学賞）、福井謙一博士（昭和五六年・化学賞）、利根川進博士（昭和六二年・医学生理学賞）、野依《のより》良治博士（平成一八年・化学賞）、益川敏英博士、小林誠博士（平成二〇年・物理学賞）、山中伸弥博士（平成二四年・医学生理学賞）、赤﨑勇博士（平成二六年・物理学賞）がいらっしゃり、京都大学出身者にノーベル賞の受賞者が多いということがおわかりいただけると思います。

前方に見える人家の奥の小高いお山は、吉田山です。

京都大学を第三高等学校とよんでいたころ、寮歌として学生たちにさか

ガイドからひと言

わたくしどもでは毎年節分に新人ガイドが鬼に扮し、社内で交通安全祈願の豆まきをおこない、吉田神社に詣でます。吉田神社の節分祭では「福豆」が売られています。豆には福引がついていて、車や旅行券、テレビなどの豪華な景品も用意されています。「福豆」を買ってから抽選日までの数日間、夢を見させていただいております。

んに歌われた「紅燃ゆる丘の花……」の石碑が立っています。

吉田山に赤い鳥居がありますが、吉田神社の鳥居です。

吉田神社は平安時代のはじめ、藤原山蔭《やまかげ》が奈良春日大社の神様を分けてお祀りしたもので、平安京を守る神様として信仰されており、毎年二月三日におこなわれる節分祭は、厄除けを祈願する多くの参詣者でたいへんにぎわいます。

さて、左手の道端に石仏がございますが、白川の里への入口に祀られた石仏で、俗に太閤の石仏とよばれています。

これは豊臣秀吉がこの石仏を気に入り、自分の邸宅である聚楽第《じゅらくてい》へうつしましたところ、夜になると毎晩泣きますので、もとの場所に戻したという伝説がございます。

⛩吉田神社
京都市左京区田中神楽岡町30
☎075・771・3788
拝観日中随時
境内拝観自由

白沙村荘

うつくしい築地《ついじ》にかこまれたお屋敷がありますが、白沙村荘《はくさそんそう》と申します。ここは昭和の初期に活躍した日本画家、橋本関雪《かんせつ》画伯のお屋敷で、現在では橋本関雪記念館としてうつくしい日本庭園などが一般公開されております。

向いのみごとな桜並木は、大正一五年（一九二六）、関雪夫人のヨネさんが植えたもので、関雪桜とよばれております。

関雪桜から琵琶湖疏水《そすい》に沿って、南禅寺へと続く約二キロの桜並木の小道を、哲学の道とよんでおります。

大正から昭和にかけて京都大学の教授であった哲学者、西田幾多郎《きたろう》先生が、多くの学生とともに語りあいながら歩いたところから名付けられました。

◆白沙村荘　橋本関雪記念館
京都市左京区浄土寺石橋町37
☎０７５・７５１・０４４６
10時～17時（時期により異なる）
入館料・一般８００円、学生５００円（美術館５００円）

白沙村荘の庭は橋本関雪画伯の作庭で、造園家によるものとはまたちがったおもむきがございます。どの場所でどの角度から写真を撮っても絵になるよう設計されています。

愛妻家だった関雪画伯が奥さまのために建てたお茶室もとても絵になります。

銀閣寺

東山三十六峰のひとつ、如意ヶ嶽《にょいがたけ》の大文字《だいもんじ》が迫ってまいりましたが、あのふもとに有名な銀閣寺がございます。

正しくは臨済宗相國寺派東山慈照寺《とうざんじしょうじ》と申しまして、足利八代将軍義政《よしまさ》が別荘としてつくった東山殿の跡です。

義政は風流将軍といわれ政治にはあまり関心がなく、世の中が飢えと疫病に苦しんでる間も、自分は中国の珍しい器や絵にかこまれ、お香を焚《た》き、お茶や詩歌に親しんでおりました。おじいさんの三代将軍義満《よしみつ》がつくった金閣にならって、銀閣には銀箔を貼ろうとしましたが、奥さまの日野富子の浪費で銀を買うお金がなかったとか、また当時は銀を薄くのばして箔《はく》にする技術がなかったという理由でできなかったようです。

慈照寺（銀閣寺）【世界文化遺産】
京都市左京区銀閣寺町2
☎075・771・5275
8時30分〜17時（12〜2月は9時〜16時30分）
参拝志納料・大人500円、小中学生300円

しかし、お庭にある銀沙灘《ぎんしゃだん》という砂盛りに月の光が反射すると、お庭全体がきらきらと銀色に輝きますので、それだけで銀閣としての価値はじゅうぶんにございます。かえって銀箔のないことが、わびさびのうつくしさを高めているようです。

東山殿が完成したのは義政が亡くなってからのことで、遺言によってお寺とされ、慈照寺と名付けられたのでございます。

銀閣寺のすぐ上のお山の如意ヶ嶽には、京都五山の送り火の大文字が刻まれております。大の字の大きさは、第一画が八〇メートル、第二画が一六〇メートル、第三画が一二〇メートルです。

如意ヶ嶽の大文字は、そのむかし、ふもとの浄土院が火災にあいましたときご本尊の阿弥陀如来《あみだにょらい》が山頂まで飛んでいって、大の字に光明《こうみょう》を放ったのがはじまりだともいわれ、年中行事となったのは江戸初期ごろとつたえられています。

今も浄土院は大文字の送り火を管理しておりまして、大文字寺ともよばれています。

毎年八月一六日の夜になりますと町はイルミネーションを控え、午後八時の大文字の点火につづいて、妙法、船形、左大文字、鳥居形と順に火がともり、京の夏の夜空をうつくしくいろどるのでございます。

おまたせいたしました。銀閣寺に到着いたしました。

それではご案内させていただきます。

銀閣

二層の楼閣建築になっているのが銀閣です。

漆《うるし》塗りで銀箔は貼られておりませんが、目の前の銀沙灘にはえる月の光で銀色に照らされますので、銀閣の価値はじゅうぶんございます。

下層は心空殿《しんくうでん》とよばれる書院造で、上層は潮音閣《ちょうおんかく》という仏間になっており、観音像を安置しております。

銀閣の前にございます砂盛りを銀沙灘と申します。

砂の上の筋は波をあらわしたもので、むこうの月待山《つきまちやま》から出た月がこの

銀閣寺境内

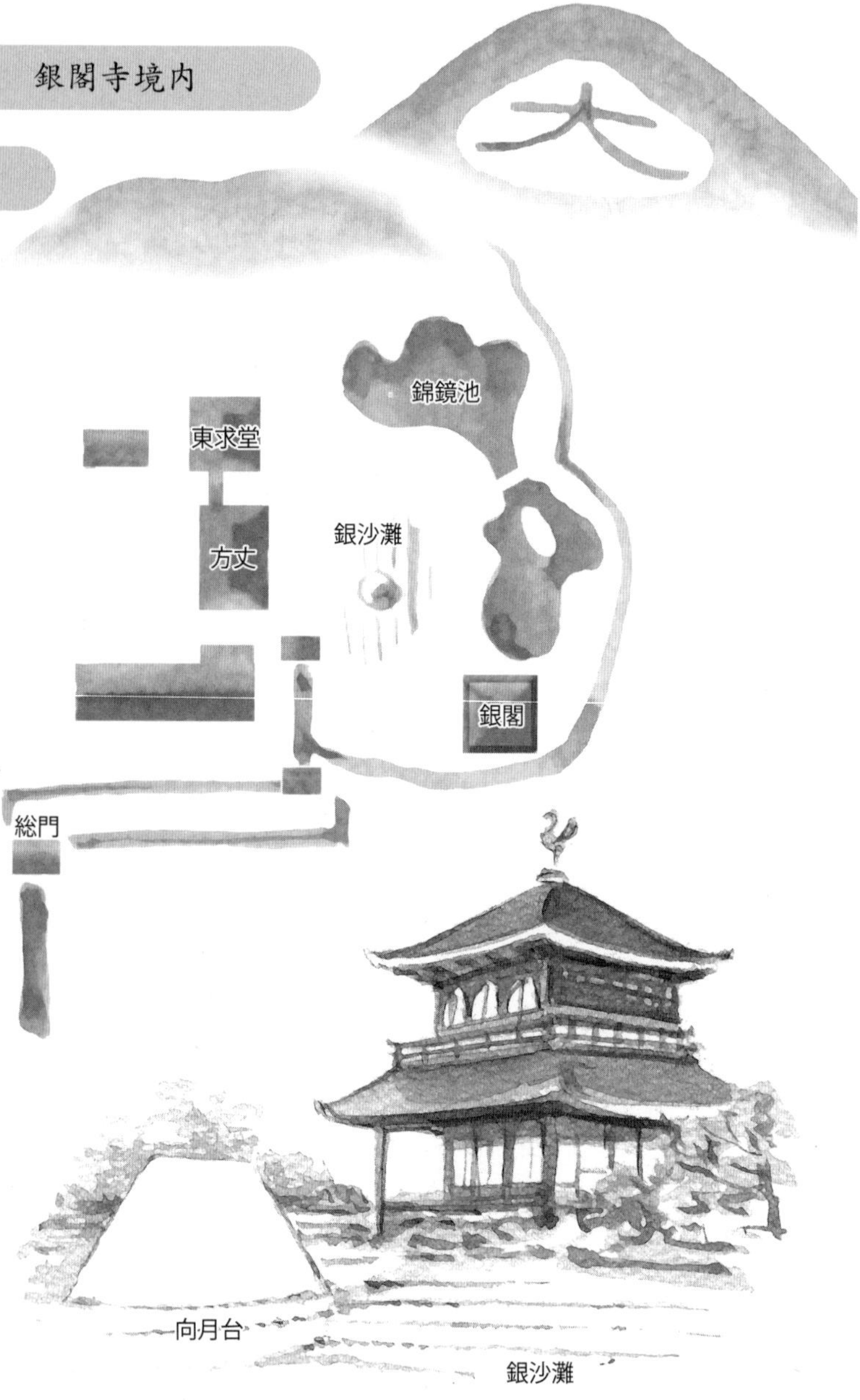

白砂に反射してまるで夜の海のようだといわれ、お庭を明るくするためにつくられたものです。

また、お山の形をした砂盛りがありますが、向月台《こうげつだい》と申します。

足利義政はあの上に座ってお月見をしたとされ、月待山から出たお月さまを見て、

　我が庵は月待山のふもとにてかたぶく空の影をしぞ思ふ

と詠んだのでございましょう。

東求堂

このお堂が方丈で、ご本尊の釈迦如来坐像を安置しております。

おとなりのお堂は東求堂《とうぐどう》と申しまして、水晶の眼（玉眼）をはめこんだ義政の木像が安置されています。

東求堂のなかには同仁斎《どうじんさい》という書斎がありますが、四畳半の書院座敷としてはわが国最古のものです。

ガイドからひと言

銀閣寺は襖絵もみごとです。池大雅、富岡鐵斎、与謝蕪村といった大家の作品がございます。そのなかに奥田元宋画伯の襖絵があり、「流水無限」という作品を見て耳をすますと、ほんとうにせせらぎの音が聞こえてきて感動しました。

庭園

このお庭は西芳寺（苔寺）を手本にしたといわれ、作者は善阿弥《ぜんあみ》とつたえられています。

庭園は上下二段に大きく分かれておりまして、下段は錦鏡池《きんきょうち》を中心とした池泉回遊式になっています。

上段は近年発掘された庭園跡で、枯山水庭園でございます。

それでは車にお戻りくださいませ。

鹿ヶ谷

皆さま、おつかれさまでございました。

さて、通っておりますこのあたり一帯を、鹿ヶ谷《ししがだに》と申します。

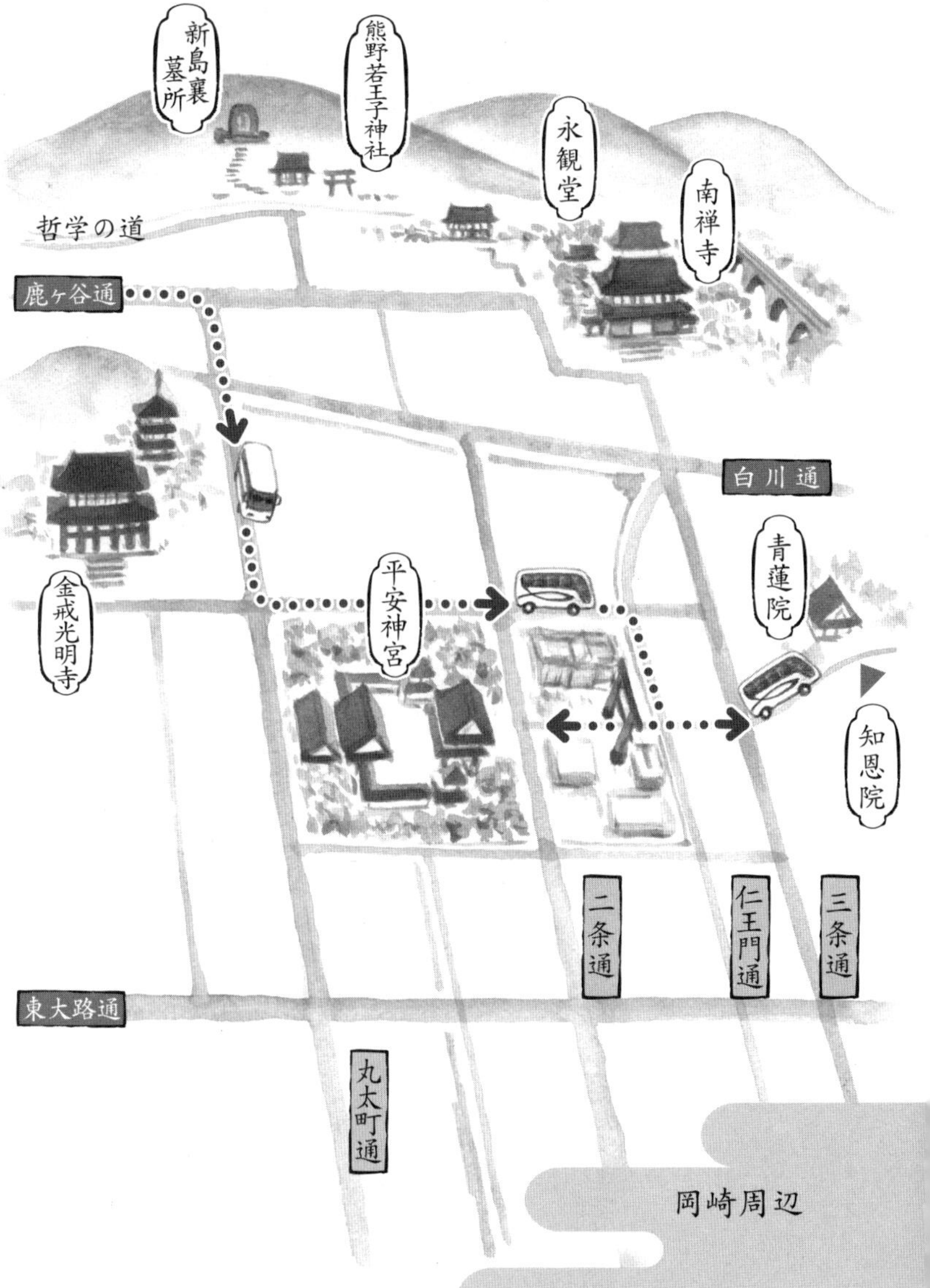
新島襄墓所
熊野若王子神社
永観堂
南禅寺
哲学の道
鹿ヶ谷通
白川通
青蓮院
平安神宮
金戒光明寺
知恩院
二条通
仁王門通
三条通
東大路通
丸太町通
岡崎周辺

平安時代も終わろうとする治承《じしょう》のはじめ（一一七〇年代）、このあたりに平家を滅ぼそうと考えていた俊寛《しゅんかん》というお坊さんの山荘がありました。

同じ考えを持つ人々がたびたび集まって秘密会議を重ねていましたが、作戦が平清盛《きよもり》にもれてしまい、俊寛らは島流しにされました。その後、清盛は娘の建礼門院徳子が安徳天皇を無事に出産したとき、とてもよろこんで罪人《つみびと》の刑を軽くする恩赦《おんしゃ》をおこないましたが、俊寛だけは決して許されなかったそうです。

法然院は鎌倉時代に浄土宗を開いた法然《ほうねん》上人が、弟子の安楽坊《あんらくぼう》、住蓮坊《じゅうれんぼう》とともにお念仏を広めたところで、江戸時代に建立されました。

本堂には阿弥陀如来《あみだにょらい》像と法然上人の木像を安置し、須弥壇《しゅみだん》には季節の花が二五種類お供えされています。これは極楽往生するとき、阿弥陀如来につき従ってやってくる菩薩《ぼさつ》の数をあらわしているそうです。

境内には椿の木が多く、また墓地には『細雪《ささめゆき》』などで知られる作家、谷崎潤一郎のお墓がございます。

法然院
京都市左京区鹿ヶ谷御所ノ段町30
☎075・771・2420
6時～16時
境内拝観自由

安楽寺は法然上人の弟子であった安楽坊、住蓮坊のとなえるうつくしいお念仏の声に誘われて、多くの人がお念仏を聞きに訪れたところです。その当時はあまり娯楽もなく、お念仏を聞きにいくのは信仰というだけでなく、たのしみでもありました。宮中で後鳥羽上皇の寵愛《ちょうあい》を受けていた松虫、鈴虫のふたりも、通っているうちにすっかり感化され、ついに尼となってしまいました。これに怒った上皇はお念仏を弾圧し、法然上人を島流しにし、安楽坊と住蓮坊を打ち首にしてしまいました。

このお寺はふたりのお坊さんをしのんで江戸時代に建てられたもので、ひっそりとした境内には、安楽、住蓮、松虫、鈴虫のお墓がございます。

霊鑑寺《れいかんじ》は別名を鹿ケ谷比丘尼《びくに》御所といい、江戸時代に建てられた門跡尼《もんぜきに》寺《じ》で、歴代天皇の皇女が入られたお寺です。

境内には後水尾《ごみずのお》天皇が大切にしたという散椿《ちりつばき》をはじめめずらしい椿が多く、「椿の寺」としても知られております。また、門跡尼寺というだけあって皇室から贈られた二〇〇点にもおよぶ御所人形も保存されております。

⌂安楽寺
京都市左京区鹿ヶ谷御所ノ段町21
☎075・771・5360
春季と秋季の花、紅葉の時期のみ公開（9時30分〜16時30分）
拝観料・500円

⌂霊鑑寺
京都市左京区鹿ヶ谷御所ノ段町12
☎075・771・4040
春と秋の特別公開時以外は通常非公開（10時〜15時30分）
拝観料・700円

若王子山《にゃくおうじ》は東山三十六峰のひとつで、山頂に同志社の創立者、新島　襄《にいじまじょう》先生のお墓がございます。

明治二三年（一八九〇）一月二七日、ぼたん雪の降る若王子山の山道を先生のお弔《とむら》いの列がのぼっていきましたが、多くの教え子たちもあとに続き、先頭が山頂に到着しても、いちばんうしろはまだふもとにさしかかっていなかったというお話が生まれるほど、先生のお徳は高かったのでございます。

熊野若王子神社は、熊野神社、新熊野《いまくまの》神社とともに、京都三熊野のひとつに数えられています。

ここは平安末期に、後白河法皇が熊野権現《ごんげん》を分けてお祀りしたお社《やしろ》で、しばしば歴代の法皇が祈願されたところです。

間もなく人家の奥に小高いお山が見えてまいりますが、黒谷《くろだに》と申しまして、浄土宗の金戒光明寺《こんかいこうみょうじ》がございます。今から八〇〇年ほど前、天台宗

ガイドからひと言

同志社に入学された学生さんたちは新島襄先生のお墓参りをされます。

哲学の道を横切って何十人もの学生さんたちが若王子山をのぼる光景は、春の東山の風物詩かもしれません。創設者をうやまう心がすばらしいなと感じます。

熊野若王子神社（若王子神社）
京都市左京区若王子町2
☎075・771・7420
拝観日中随時
境内拝観自由

金戒光明寺（くろ谷）
京都市左京区黒谷町121
☎075・771・2204
9時～16時
境内拝観自由（特別公開時は有料）

の教えに不満をいだいた法然上人が、比叡山からおりてきてお堂を建てたのが起こりで、現在も御影堂、方丈《ほうじょう》などが建っております。

境内には熊谷堂《くまがいどう》というお堂もございますが、これは『平家物語』でよく知られる熊谷次郎直実《じろうなおざね》が、武士をやめて出家し、修行を積んだお堂です。

熊谷次郎直実は源氏の武士でしたが、源平一の谷の合戦で、自分の息子と同じ年ごろの平敦盛《あつもり》の首を涙ながらに討ったとき、武士でなければこのような地獄を見ることもないのに、と世の無常を感じ、やがて法然上人のもとへやってきて仏門に入り、名前も蓮生坊《れんしょうぼう》と改めて、敦盛の菩提《ぼだい》を弔《とむら》う毎日を送ったといわれております。直実が法衣《ほうい》に着替えたとき、脱いだ鎧《よろい》を松にかけたという鎧掛けの松もございます。

金戒光明寺周辺には、浄土真宗を開いた親鸞《しんらん》聖人がたびたび訪れて修行した、親鸞屋敷ともよばれる東本願寺の岡崎別院や、平安京造営と同時にお祀りされ、厄除《やくよ》け、方除《ほうよ》け、安産の神様として信仰されている岡崎神社がございます。

ガイドからひと言

金戒光明寺はかつて4万坪という広大な寺域がありましたので、幕末には会津藩一千名の本陣になりました。新選組もおとずれたこの場所は、新選組が大好きなガイドにとっては聖地なのでございます。

またまったくちがう意味で金戒光明寺が大好きなガイドもおります。境内墓地に八橋検校のお墓があるからなのです。

14ある塔頭のひとつ常光院は通称「八橋寺」とよばれ、命日の6月12日には法要が営まれます。お菓子が大好きなガイドにとりましても金戒光明寺は聖地なのでございます。

平安神宮

これからおたずねいただきます平安神宮は、第五〇代桓武《かんむ》天皇が奈良の都から長岡京へ、ついでこの京都へ都をうつされてから一一〇〇年目にあたる明治二八年（一八九五）に、桓武天皇を御祭神《ごさいじん》としてつくられ、昭和一五年（一九四〇）には、第一二一代孝明《こうめい》天皇もお祀りされました。

建物は平安時代の朝堂院《ちょうどういん》を八分の五の大きさに復元しておりますので、平安時代の宮廷建築の様子をしのぶことができるのでございます。

このあたり一帯は平安末期、法勝寺、尊勝寺、最勝寺、円勝寺、成勝寺、延勝寺という六つの「勝《かつ》」という字のお寺が建ちならんでいたところで、俗に六勝寺《ろくしょうじ》とよばれていたのでございます。

この平安神宮のお祭りが、京都三大祭のひとつ、時代祭です。桓武天皇

⛩平安神宮
京都市左京区岡崎西天王町
☎０７５・７６１・０２２１
6時～18時（神苑は8時30分～、閉門時間は時期によって異なる
10月22日午後休）
境内拝観自由（神苑 大人６００円、小人３００円）

が平安京へお入りになった日を記念して、毎年一〇月二二日におこなわれます。

平安時代から明治時代までの文武制度のうつり変わりを仕組んだ行列が、京都御所から平安神宮へと進んでまいりますが、その行きすぎる様子は、まるで時代絵巻を見るようでございます。

前方の朱塗りの鳥居は、平安神宮の大鳥居です。鉄筋コンクリート造で、高さ二四メートル、幅一八メートル、柱の直径は三・六メートルあり、いちばん太いところは大人八人が両手を広げてやっと取りかこめる大きさです。

平安神宮から南に広がる約一〇万平方メートルの広大な一帯は、文化ゾーンになっておりまして、岡崎公園と申します。

明治三七年（一九〇四）に開かれた国内勧業博覧会の跡地を公園としたもので、かこいもなく開放的な雰囲気で、美術館、図書館、動物園、スポーツ施設などが設けられています。大鳥居の東側にあるうつくしい建物は、

ガイドからひと言

桜のころに岡崎にいらっしゃるなら、疏水の十石舟めぐりがおすすめです。舟から見上げる疏水の桜も格別です。

またこの時期に平安神宮で開かれる紅しだれコンサートでは、生演奏を聴きながら夜桜見物をたのしむことができます。

なお、平安神宮には桜の時期限定の「桜みくじ」がございます。つぼみ・つぼみふくらむ・咲き初め・三分咲き・五分咲き・八分咲き・満開の七段階で運勢が占えます。

昭和八年（一九三三）に京都市が設立した京都市美術館、西側のルネッサンス調の建物は、明治四二年（一九〇九）に設立された知識の泉、京都府立図書館です。図書館のおとなりのスマートな建物は、京都国立近代美術館です。

さて、車は朱塗りの慶流《けいりゅう》橋を渡ってまいります。

下の流れは滋賀県の琵琶湖から引き込まれた疏水で、明治一八年（一八八五）から二三年までの大工事でつくられました。京都は海から遠いため、水不足に悩まされていましたが、京都より高いところにある琵琶湖の水を引くという考えが、東京工部大学校の学生であった田邊朔郎《さくろう》氏の論文で発表され、当時の京都府知事、北垣国道《くにみち》氏らの努力によって現実のものとなりました。

工事に関する道具や技術が心配されましたが、豊かな琵琶湖の水はみごとに京都へ送られ、飲料水の確保はもちろん、水力発電にも利用され、その電気で日本初の路面電車が走るようになったのでございます。

平安神宮周辺

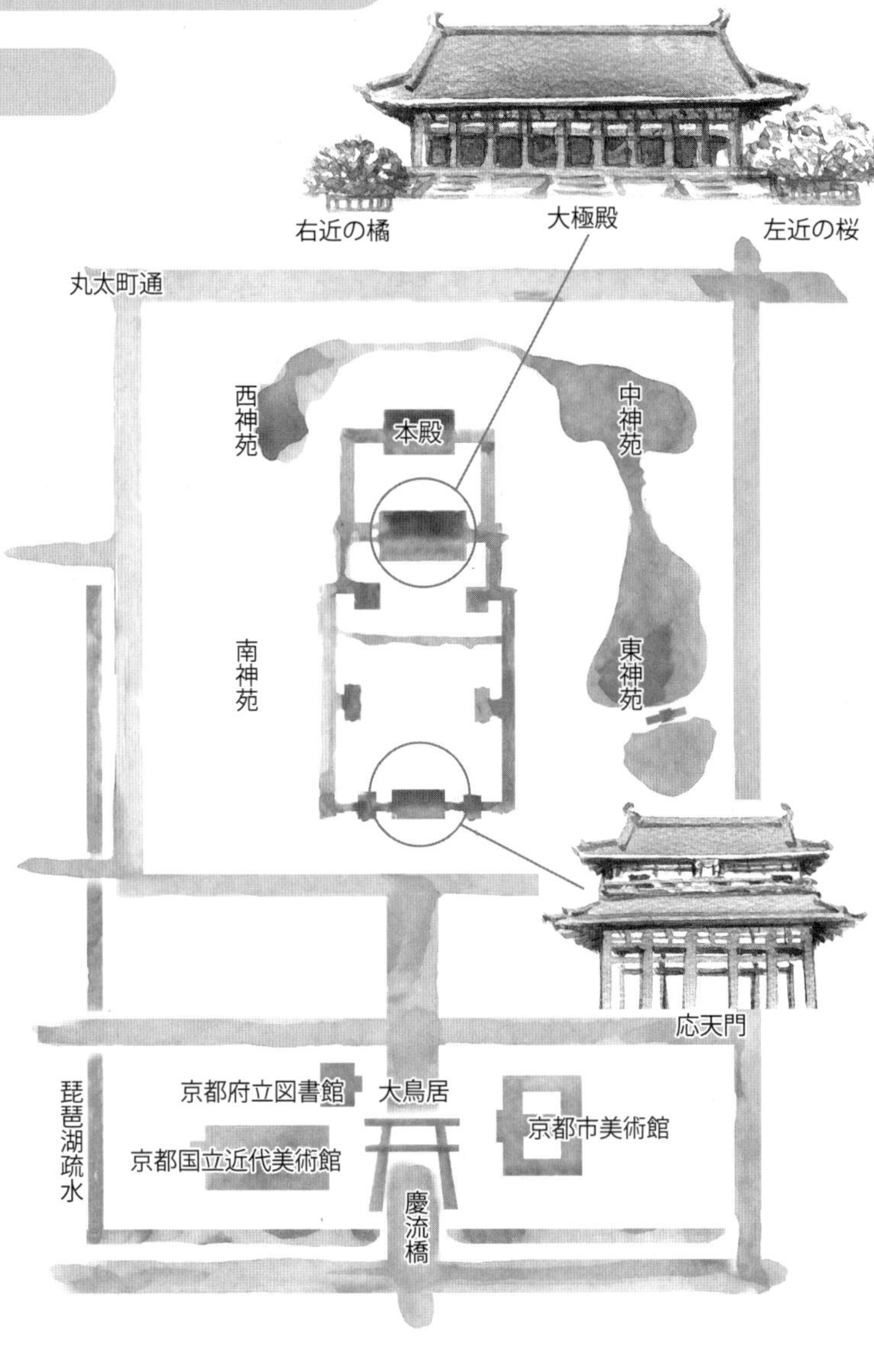
右近の橘
大極殿
左近の桜
丸太町通
西神苑
本殿
中神苑
南神苑
東神苑
応天門
琵琶湖疏水
京都府立図書館
大鳥居
京都市美術館
京都国立近代美術館
慶流橋

おまたせいたしました。平安神宮に到着いたしました。
それでは平安神宮についてご案内させていただきます。

大極殿

正面の建物は大極殿《だいごくでん》、あるいは外拝殿《そとはいでん》と申しまして、五二本の朱塗りの丸柱で支えられ、うつくしい寝殿造になっております。

屋根の左右に金色の鴟尾《しび》がございますが、火を食べてしまう鳥とも、深い海中で水を吹く魚ともいわれる想像上の動物で、火災を防ぐおまじないのために置かれております。

また、大極殿の前には、平安時代の宮中にならって左近《さこん》の桜、右近の橘《たちばな》が植えられております。

大極殿の奥に本殿がございます。京に都をうつされた第五〇代桓武天皇と、京都最後の天皇となった第一二一代孝明天皇をお祀りしています。

大極殿の左右にあるうつくしい楼閣は、右を蒼龍楼《そうりゅうろう》、左を白虎楼《びゃっころう》と申しまして、東西の守り神がお祀りされています。

また、左右に同じ建物がありますが、右の建物は神楽殿、左の建物は舞楽殿と申します。昭和一五年（一九四〇）に孝明天皇をお祀りしたときにつくられたもので、それぞれ神楽や舞楽を奉納するところですが、神楽殿は平安神宮の結婚式場として、舞楽殿はお茶会やお花などの催物会場として使われております。

神苑

建物のうしろ一帯は神苑と申しまして、広さ約一万坪のうつくしい池泉回遊式庭園になっております。

明治から大正にかけて活躍した造園家、小川治兵衛《じへえ》氏の作で、四季それぞれのうつくしさを満喫させてくれますが、とくに春のしだれ桜、初夏の花菖蒲《はなしょうぶ》は有名です。

内部は南神苑、西神苑、中神苑、東神苑の四つに分かれ、それぞれに翔《しょう》鸞《らん》池、白虎池、蒼龍池、栖鳳《せいほう》池がございます。とくに東神苑は規模も大きく、中神苑の蒼龍池には京都市から寄付された天正時代の五条大橋の礎石一四個と、三条大橋の礎石三八個を使った臥龍橋《がりゅうばし》を設け、東神苑には虹をかけたような橋殿《はしどの》や、その上に金色の鳳凰《ほうおう》をいただく泰平閣《たいへいかく》などがございます。

応天門

皆さま、おそれ入りますが、うしろをふりかえってご覧くださいませ。先ほどくぐってまいりましたあのご門は、応天門《おうてんもん》と申します。正面からご覧いただきますと、「応天門」と書かれた大きな額がかかっております。これは平安神宮造営のとき、宮小路康文《みやこうじやすふみ》という方が書いたものですが、平安京の応天門の額は弘法大師が書かれたそうです。ところが大師はそのとき、応の字の最初の点をうっかり忘れてしまい、あとで下から大きな筆をポーンと投げて、文字を完成させたそうです。「弘法も筆の誤り」ということわざは、平安京の応天門から生まれたといわれております。

それでは車にお戻りくださいませ。

青蓮院

皆さま、おつかれさまでございました。

間もなく左手に白壁に五本線の入ったお寺が見えてまいりますが、天台宗の青蓮院《しょうれんいん》で、別名を粟田《あわた》御所ともよばれております。

今からおよそ八〇〇年ほど前、行玄僧正《ぎょうげんそうじょう》によって開かれて以来、代々天皇家の男子が法親王《ほっしんのう》として住職になられたお寺で、天台宗三門跡《もんぜき》寺院のひとつに数えられております。

浄土真宗を開いた親鸞《しんらん》聖人は、御年《おんとし》九歳の春、

あすありと思ふ心のあだ桜夜半《よわ》に嵐の吹かぬものかは

と詠んで、このお寺で得度《とくど》されました。

青蓮院には大きな楠があります。入口の楠は親鸞聖人お手植えの木で、樹齢８００年といわれており、大きすぎて枝が下から支えられています。

◆青蓮院門跡
京都市東山区粟田口三条坊町69—1
☎０７５・５６１・２３４５
9時～17時
大人５００円、中高生４００円、小学生２００円

庭園は相阿弥《そうあみ》の作といわれ、春には一面霧島つつじが燃えるように咲き、その間に山吹の花も見られ、たいへんうつくしいお庭です。

知恩院

左手に巨大な三門が見えてまいりましたが、浄土宗総本山、知恩院の三門です。

それではここで下車してご案内いたします。皆さま、こちらにお集まりくださいませ。

目の前におおいかぶさるような巨大な門が、知恩院の三門です。

この三門は、徳川二代将軍秀忠が五味金右衛門《ごみきんえもん》に命じてつくらせたもので、高さは二四メートルあり、京都四大門のひとつに数えられております。

🏠知恩院
京都市東山区林下町400
☎075・531・2111
9時～16時
境内拝観自由（方丈庭園　大人400円、小中学生200円）
（※御影堂は大修理中、平成31年竣工予定）

知恩院境内

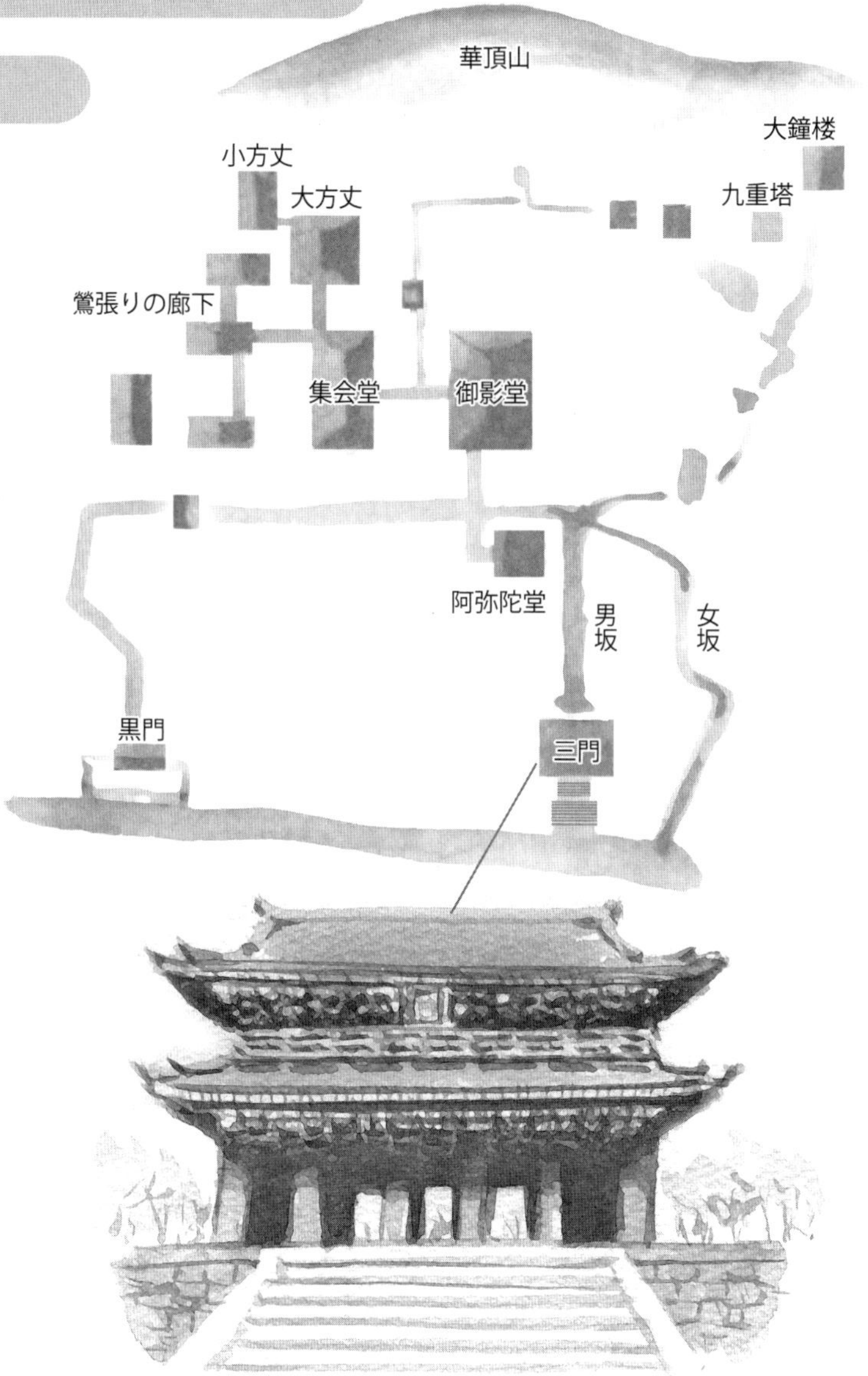

正面に掛けられている華頂山《かちょうざん》の額は、霊元《れいげん》天皇の御筆によるもので、畳三畳分ほどの大きさがございます。

徳川家の命令で門をつくっていた五味金右衛門は、無断で予算オーバーの門をつくってしまいました。責任を感じた金右衛門は、あまった木材で自分と妻の木像を刻み、それを柩《ひつぎ》におさめて自害してしまったのでございます。ふたりの木像は三門の二階に安置されていますが、ふだんは公開されておりません。

この三門をくぐりますと、急な階段の男坂となだらかな女坂がございます。法然上人の教え通り、男も女も平等ですから同じところに通じておりますが、まずはなだらかな女坂をのぼってまいりたいと思います。

皆さま、どうも高いところまでお疲れさまでございました。

それでは知恩院についてご案内させていただきます。

この知恩院は今から八〇〇年ほど前、比叡山からおりてきた法然上人が吉水坊《よしみずぼう》という庵《いおり》を結び、ただ南無阿弥陀仏ととなえれば誰でも極楽往生で

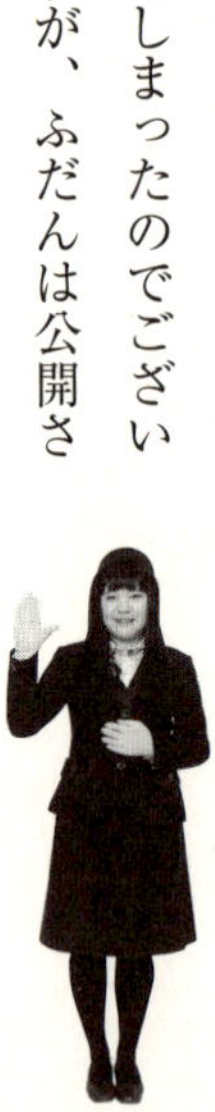

ガイドからひと言

車窓から知恩院をご案内することもあります。知恩院の大きな三門が見えると皆さまから「わあ、大きい」と歓声があがります。門にかかる華頂山の額だけで畳三畳敷分ありますとご紹介するとさらにびっくりなさいます。大きさも歴史の古さも感じられる京都の文化財をご紹介できることがうれしいです。

きるという、民衆のためのわかりやすい浄土宗を開いたところです。

そのころの比叡山は、多くの僧兵を養い、貴族と手を結んで勢力を持っておりましたので、山をおりた法然上人をしたう人がふえてくると、浄土宗を邪宗《じゃしゅう》と決めつけてたびたび圧迫を加え、上人が亡くなったあとはお墓を暴いたり、吉水坊を壊したりしました。

荒れはてたお寺は上人が亡くなってから二二年後に、ようやく弟子の勢《せい》観坊源智《かんぼうげんち》によって建立され、知恩教院大谷寺《おおたにでら》と名付けられました。江戸時代になると徳川家が知恩院の有力な檀家となりましたので、幕府の力で多くのお堂が建立され、浄土宗総本山となったのでございます。

御影堂

では中央の大きなお堂をご覧くださいませ。

こちらが宗祖法然上人の御影を安置している御影堂《みえいどう》で、徳川三代将軍家光によって再建されたものです。

屋根のいちばん上の真ん中に、瓦が数枚重ねられておりますが、葺《ふ》き残しの瓦と申します。これは、あまりにも立派なものは魔がさすとか、頂点を極めたものは、あとは落ちていくのが世の習いとかいわれますので、わざと葺き残して未完成をあらわし、悪いことが起こらないようにしているのです。

御影堂の前の松の木は、一本の幹から六本に枝分かれしておりますので、南無阿弥陀仏の松とよばれています。

御影堂のうしろには、お坊さんの修行の場である集会堂がございまして、そのまわりの廊下（約五五〇メートル）は、鶯張《うぐいすば》りになっております。これは徳川幕府が、二条城にもしものことがあった場合、知恩院を替え城にしようと考えて、鶯張りの廊下をつくったのだそうです。

集会堂の奥には、大方丈、小方丈という書院造の優雅な建物がございます。襖絵《ふすまえ》は狩野尚信《かのうなおのぶ》、信政《のぶまさ》の筆によるもので、庭園も東山を借景としてうつくしく整えられております。

この方丈の襖にはみごとな雀の絵が描かれていましたが、あまりにも上手な絵だったため、ついに本物となって飛んでいってしまったそうです。

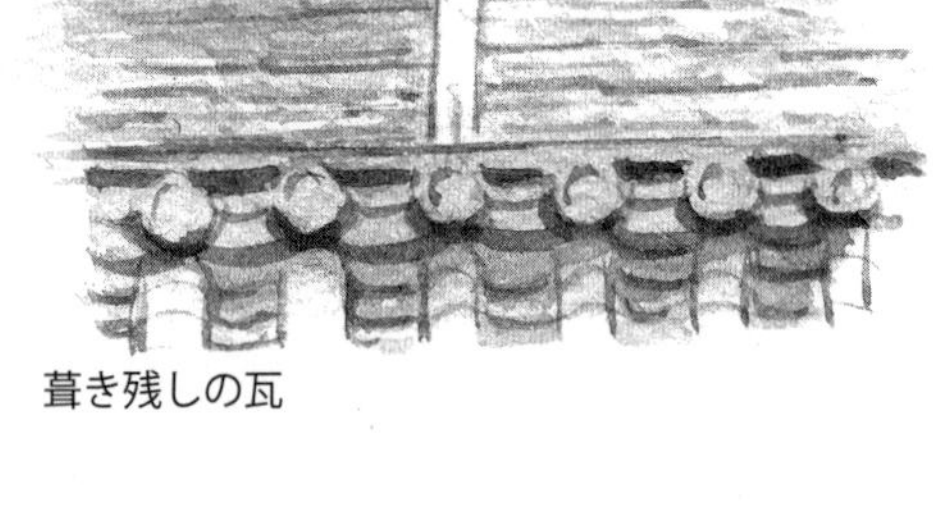

葺き残しの瓦

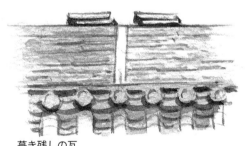

これは「抜け雀」と申しまして、知恩院の七不思議のひとつに数えられています。また、方丈の杉の戸板《といた》に描かれた猫の絵は、どの角度から見ても目が合うといわれ、これは「三方正面真向《さんぽうしょうめんまむき》の猫」と申しまして、七不思議のひとつに数えられています。

方丈の天井には長さ二・五メートル、重さ三〇キロの大杓子《おおしゃくし》がかかっていますが、上にあるため触れませんので、「どなたさまもシャクに触らないでおまいりできる」といわれ、この大杓子も七不思議のひとつに数えられております。

阿弥陀堂

皆さま、左むこうをご覧くださいませ。

あちらのお堂が、このお寺の本堂に当たる阿弥陀堂です。建物は明治四三年（一九一〇）の再建ですが、ご本尊の阿弥陀さまは藤原時代のものです。

ふつうお寺の建物は、ご本尊をお祀りしている本堂がいちばん大きいの

三方正面真向の猫

ですが、浄土宗や浄土真宗では宗派を開かれた方を重んじて、御影堂の方が大きくなっております。

阿弥陀堂の左の多宝塔は七百五十万霊塔と申しまして、知恩院がつくられてから七五〇年を記念して創建されました。

右むこうの木立のなかに、大鐘楼がございます。有名な釣鐘は今から三八〇年あまり前の寛永一三年（一六三六）につくられたもので、高さ三・三メートル、厚さ三〇センチ、重さ約七〇トンもございます。

皆さま方もテレビやラジオを通じて、新しい年への黎明《れいめい》を告げる除夜の鐘でおなじみでございましょう。

忘れ傘

皆さま、こちらから上の方をご覧くださいませ。

御影堂の屋根の垂木《たるき》と垂木の間に、傘が置かれておりますが、おわかりになりますでしょうか。

これは知恩院の工事をした左甚五郎《ひだりじんごろう》の忘れ傘といわれておりますが、別名を「時雨《しぐれ》の傘」とも申しまして、つぎのようなお話がのこされております。

ある雨の日、住職が毎日お説教を聞きにくるひとりの子どもに感心して、そのわけをたずねました。

するとその子どもは、

「私はこのお堂が建てられる前、ここに住んでいた古狐でございますが、お堂ができて住処《すみか》を奪われてしまいました。そこでお寺をうらんで何か仕返ししてやろうと思い、ここにやってきておりました。しかし、和尚さんのありがたいお説教を聞いているうちに、自分の考えが間違っていることに気づきました。これからも毎日お説教を聞きたいのですが、もう寿命が尽きて明日には死ななければなりません。でも和尚さんのお説教のおかげで心安らかに極楽往生できそうです」

といって、住職に借りた傘をさしてひとりとぼとぼと帰っていきました。

翌日、若いお坊さんたちが騒いでおりますので、住職が出てみますと、山手の方で狐の死骸が発見され、昨日子どもに貸した傘はあのような高いところにあったそうです。傘は火災除けとも申しますので、狐は和尚さんへのお礼にお堂を火災から守ろうとしたのかもしれません。

黒門

石垣がみごとで、お寺というよりもお城のようなたたずまいを見せておりまして、徳川幕府がここを二条城の替え城にしようとしていたことがうかがえるところです。

また、黒門の外にある瓜生石《うりゅうせき》は、一夜にして瓜が生えたとも、二条城への秘密の地下道の入口ともいわれております。

黒門の内にある崇泰院は知恩院の塔頭《たっちゅう》のひとつで、浄土真宗の開祖、親《しん》鸞《らん》聖人の最初のお墓の跡といわれ、古くは大谷とよばれて本願寺のはじまりの場所です。

本願寺第八世蓮如《れんにょ》上人は、第七世存如《ぞんにょ》上人の長男として応永二二年（一四一五）二月二五日、ここでお生まれになりました。「蓮如上人産湯《うぶゆ》の井戸」ものこされております。

それでは車にお戻りくださいませ。

ガイドからひと言

はじめて京都に来られる方は、東山界隈がおすすめです。知恩院から清水寺まで、神社仏閣も、道すがらの風情も、お店もいずれも京都らしいところがあつまっております。

祇園

皆さま、おつかれさまでございました。

左手に見えてまいりました朱塗りのお社《やしろ》は、京都の人々に「祇園《ぎおん》さん」とよばれて親しまれている八坂神社です。

ここのお祭りが「コンコンチキチン、コンチキチン」のお囃子《はやし》で知られる祇園祭で、京都三大祭のひとつであると同時に、東京の神田祭、大阪の天神祭とともに、日本三大祭のひとつに数えられております。お祭りは平安時代に疫病が流行したとき、八坂神社の神様である須佐之男命《すさのおのみこと》のたたりだと考えられ、その霊をしずめるためにおこなわれるようになりました。

七月一日の吉符入《きっぷいり》から約一ヶ月間にわたって行事がくりひろげられますが、とくに祇園囃子《ばやし》が鳴りわたる宵山と、一七日（前祭）、二四日（後祭）

八坂神社
京都市東山区祇園町北側625
☎075・561・6155
参拝日中随時
境内拝観自由

におこなわれる山鉾巡行《やまほこじゅんこう》がクライマックスで、四条通を中心にたいへんなにぎわいとなります。

この山鉾巡行の行事は、国の重要無形民俗文化財になっており、また多くの山や鉾の装飾品が、重要文化財に指定されております。

さて、このあたりより右手一帯が、元禄のむかしから磨きぬかれた芸事《げいごと》と、しとやかな張りのある気品を今につたえる祇園でございます。

京都には五つの花街《かがい》がありますが、なかでもよく知られているのが祇園甲部です。祇園甲部の最盛期は昭和八年から一〇年ごろで、当時は甲部だけで舞妓さんが一三〇人もおりました。

祇園の町は八坂神社へおまいりにきた人々が休憩する茶店が集まってできたところで、この茶店で働く女の子が歌や舞を披露するようになったのが舞妓さんのはじまりだといわれています。

また、舞妓というよび方は江戸時代の中ごろからあったといわれ、江戸でいう踊り子の京ことばでした。

ガイドからひと言

八坂神社でおすすめしたいのは、美のパワースポット・美《うつくし》御前社《ごぜんしゃ》です。

ここには神水が湧きだしていて、肌の健康はもとより、心からうつくしくなれる「美容水」を求めて多くの方がおとずれます。バシャバシャと水を浴びるのではなく、2~3滴を肌につけるのがいいそうです。

このお社には「美守《うつくしまもり》」といって女性のために祈願されたお守りもございます。

「祇園情緒はだらりの帯の舞妓から」といわれますが、夜ごとあかりのともるころともなりますと、だらりの帯をきゅっとしめ、高いおこぼをはいた舞妓さんのすがたが見られ、その口もとからはやさしい京ことばがもれるのでございます。

吉井《よしい》勇《いさむ》先生は、

かにかくに祇園は恋し寝《ぬ》る時も枕の下を水の流るる

と、うつくしく祇園情緒を詠んでおります。

われしのぶ髪に長い振袖、だらりの帯にこっぽりをはいたあでやかな舞妓さんのすがたは、観光客のパーティーや撮影会にひっぱりだこで、今や京の舞妓でも日本の舞妓でもなく、世界の舞妓になった感じがいたします。古風な日本美の生きたシンボルが舞妓さんと申せますが、誰でも簡単になれるというものではありません。

第一の条件はうつくしくなくてはいけないわけで、それも古典的なうつくしさが要求されます。つぎに、芸や作法をきびしく教えこまれますが、

祇園周辺

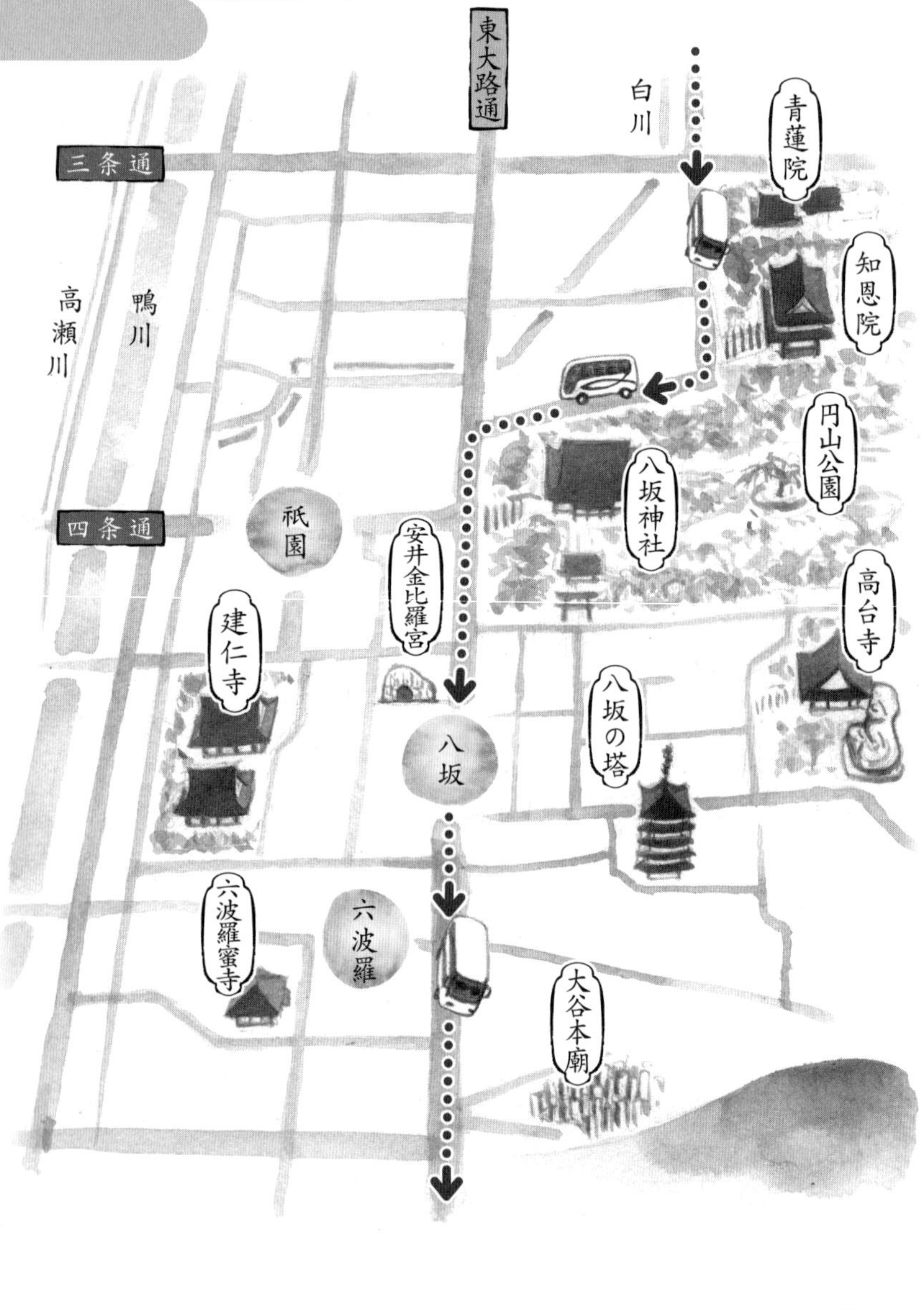
東大路通
白川
青蓮院
三条通
知恩院
高瀬川
鴨川
円山公園
八坂神社
四条通
祇園
安井金比羅宮
高台寺
建仁寺
八坂の塔
八坂
六波羅蜜寺
六波羅
大谷本廟

これにたえるだけの素質をもっていなければなりません。
また、舞妓の髪は地毛《じげ》でございまして、鬘《かつら》は使っておりません。髪型は五種類ありますが、舞妓になって一、二年は「われしのぶ」、身体が大きくなって女らしくなりますと「福わげ」に変わります。お正月や都をどりのお茶席で紋付を着るときには「奴島田《やっこしまだ》」、祇園祭のころには「勝山」と変わります。

舞妓の衣装は、帯をだらりと結んですそを長く引き、襦袢《じゅばん》の襟《えり》は赤襟です。だらりの帯の長さは舞妓の身体の大きさによって違いますが、四・八メートルから五・四メートルあり、とてもひとりではしめられませんので、「男衆《おとこし》さん」とよばれる男性が着付けをいたします。金糸、銀糸をふんだんに使ったじつにきらびやかな帯です。

下駄はおこぼです。こっぽりともいいますが、底に空洞があって、歩くとこぽこぽとやわらかな音がいたします。おこぼの高さは一〇センチほどです。京の夕暮れどき、こっぽりの音をひびかせて花街をゆく舞妓さんのすがたは、京都の風物詩のひとつとなっております。

八坂

このあたりは八坂《やさか》と申します。

むかし、清水寺への参道が八つあり、いずれも坂道だったところから名付けられたそうです。

右手のお社は安井金比羅宮《やすいこんぴらぐう》です。

悪縁を切り、良縁を結んでくださる神様として信仰されております。

間もなく左手の路地の奥に、うつくしい五重の塔が見えてまいりますが、「八坂の塔」とよばれてしたしまれている法観寺の五重塔です。塔の高さは四六メートルございます。

ガイドからひと言

「はんなり」という京言葉がぴったりの舞妓さんのすがたがよく似合う場所が、法観寺の五重塔へ続く坂道です。

東大路通を通るときバスのなかからご案内するのですが、一瞬しかご覧いただけませんので、しばらく左を注目していただき「はいどうぞ」のかけ声とともに首をギュッとひねってご覧いただきます。このときお客さまから「わあー」という歓声を聞くとガイド冥利に尽きます。

今から五七〇年ほど前（一四四〇）、足利六代将軍義教《よしのり》が建てたもので、背後の東山との調和がすばらしく、もっとも京都らしい風情のある塔だといわれております。

さて、このあたりより右手一帯を六波羅《ろくはら》と申します。「平氏にあらざれば人にあらず」と平清盛が栄華を誇った平安末期にはこのあたりに平家一門の邸宅がならび、六波羅全盛時代といわれておりました。

しかし、「祇園精舎《しょうじゃ》の鐘の声《こえ》、諸行無常の響きあり。沙羅双樹《さらそうじゅ》の花の色、盛者必衰の理《ことわり》をあらわす。おごれる人も久しからず、只《ただ》春の夜の夢のごとし。たけき者もついには滅《ほろ》びぬ、ひとえに風の前の塵《ちり》に同じ」の言葉通り、おごれる平氏もあわれはかなく壇の浦に散りゆき、今や当時のおもかげをのこすものは、平家が深く信仰した真言宗の六波羅蜜寺のみでございます。

また、このあたりは鎌倉時代になりますと、北条氏が西国大名の監視と裁判をするための、六波羅探題《たんだい》を置いたところでもございます。

安井金比羅宮
京都市東山区東大路通松原上ル下弁天町70
☎075・561・5127
参拝日中随時
境内拝観自由

法観寺
京都市東山区清水八坂上町388
☎075・551・2417
10時～16時
拝観料・400円

六波羅蜜寺
京都市東山区五条通大和大路上ル東
☎075・561・8980
8時～17時
境内参拝自由（宝物館は有料）

左手に見えてまいりました建物は、西本願寺のお墓所《はかどころ》、大谷本廟《ほんびょう》です。宗祖親鸞《しんらん》聖人のお墓を中心に、全国の信者さんのお墓が約二万基ならんでおります。

この大谷本廟の墓地にはナイター照明の設備がありますので、夏のお盆のころには夕方涼しくなってから、ご先祖さまのお墓まいりをすることができます。また、全国に先がけてロッカー形式のお墓を作ったところで、建物のなかでお墓まいりをされる方もございます。ロッカー形式のお墓は、上下二段になっており、下の段に遺骨を納めます。上の段はお仏壇になっていて、扉を開けておまいりしますが、このとき自動的にお燈明にあかりがつき、お線香の香りもただよってくるという画期的なものです。

三十三間堂

左手のお寺は天台宗三門跡《もんぜき》寺院のひとつ妙法院で、三十三間堂はこのお寺が管理しております。

ここは豊臣家とのつながりが深く、龍華蔵《りゅうげぞう》という建物には豊臣秀吉ゆかりの品々がたくさんおさめられておりますが、なかでもめずしいものは、ポルトガルのゴア総督から秀吉に送られた手紙で、羊皮紙という羊の皮で作った紙に書かれております。

また幕末のころ、外国人を受け入れないという攘夷《じょうい》論をとなえた三条、錦小路、壬生《みぶ》、東久世《ひがしくぜ》などの七公家が、公武合体派の幕臣に追いこまれ、ここで長州の藩士と都落ちを決定したことは、歴史上有名なお話です。

藩士のひとり、久坂玄瑞《くさかげんずい》は、「行かんとすれば東山、峰の秋風身にしみて、朝な夕なに聞き慣れし、妙法院の鐘の音も、なんと今宵は哀れなる」と詠んで、京の都をあとにしました。世に七卿落《しちきょうお》ちとよばれる事件でした。

しかし、長州藩は力をつけて翌年には京都入りし、蛤御門《はまぐりごもん》の変を起こすのでございます。

◆妙法院門跡
京都市東山区妙法院前側町447
☎075・561・0467
拝観は特別公開時のみ（通常非公開）

ガイドからひと言

妙法院には国宝の「庫裏《くり》」がございます。庫裏とは僧侶らが食事や休息など日常生活をおくるところです。妙法院の庫裏はとてもかっこいいのです。とくに台所の三層屋根の最上部の「煙出し」など、本当にかっこいいのです。むかしの人があこがれたのも当然だと思えます。

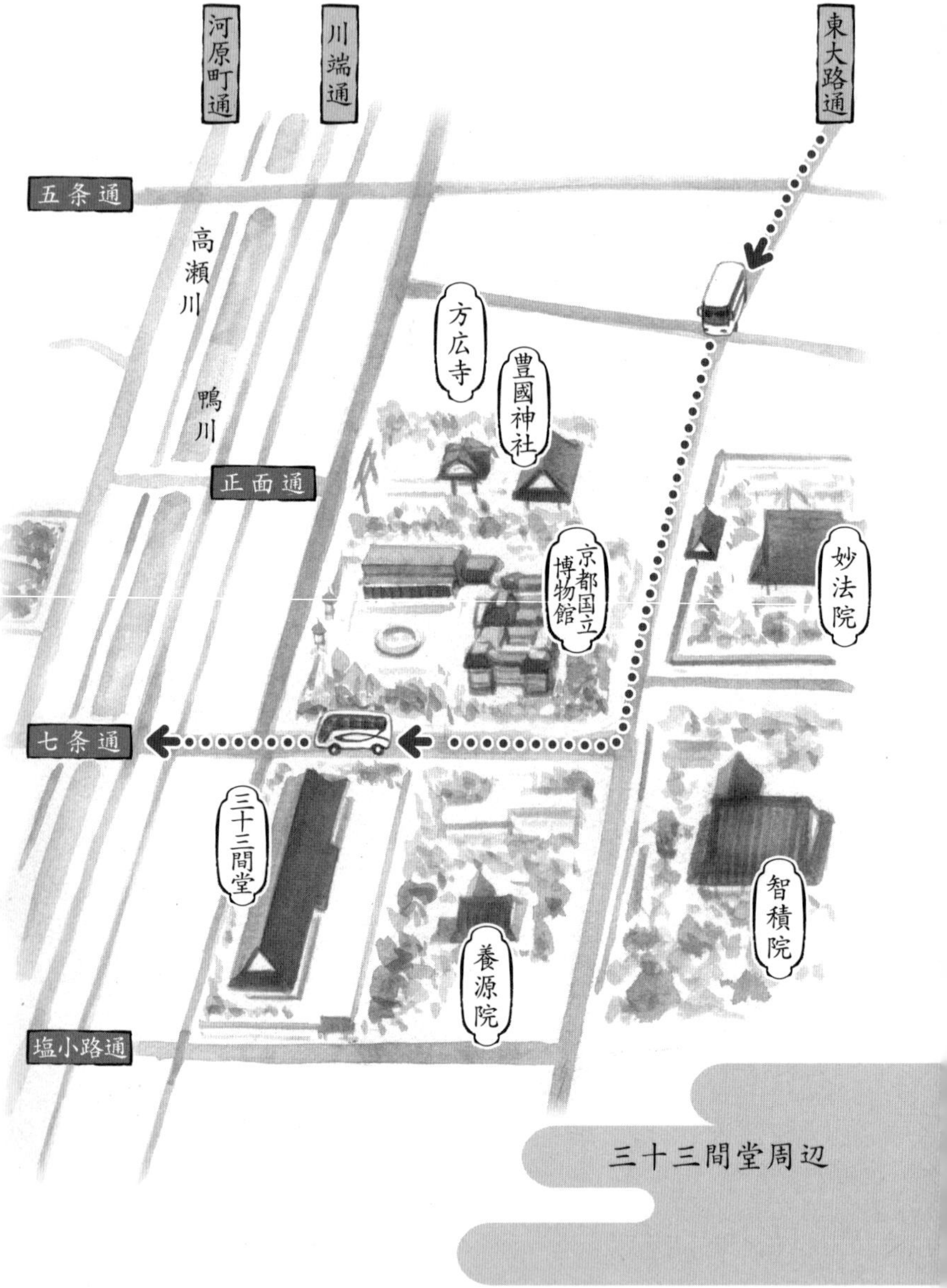
河原町通
川端通
東大路通
五条通
高瀬川
鴨川
方広寺
豊國神社
正面通
京都国立博物館
妙法院
七条通
三十三間堂
智積院
養源院
塩小路通
三十三間堂周辺

左の道は豊國廟《ほうこくびょう》参道と申しまして、東山三十六峰のひとつ、阿弥陀ヶ《あみだが》峯《みね》の山頂にある豊臣秀吉のお墓へ通じております。参道の途中には、西本願寺が経営する京都女子学園がございまして、そのためこの坂道は通称「おんな坂」とよばれるようになりました。

左手のお寺は真言宗智山派の総本山、智積院《ちしゃくいん》です。

ここには豊臣秀吉が自分の息子棄丸《すてまる》の菩提《ぼだい》を弔《とむら》うために建立した祥雲寺《しょううんじ》がありましたが、豊臣氏滅亡後、徳川氏によって紀州根来寺《ねごろじ》の山外塔頭、智積院とされました。庭園はつつじやさつきが多く、江戸初期の代表的な庭園のひとつに数えられております。

間もなく三十三間堂が見えてまいります。

三十三間堂は、もと後白河法皇の離宮であったところを平清盛が天台宗のお寺にしたもので、正しくは蓮華王院《れんげおういん》と申します。

長いお堂の長さは六五間二尺三寸（約一二〇メートル）ございまして、二

智積院
京都市東山区東大路通七条下ル東瓦町964
☎075・541・5361
9時～16時
拝観料・500円

蓮華王院（三十三間堂）
京都市東山区三十三間堂廻町657
☎075・561・0467
8時～17時（11月16日～3月は9時～16時）
拝観料・一般600円、中高生400円、子供300円

間おきに立てられている柱の間数《まかず》が三三あるところから、通称三十三間堂とよばれるようになりました。

ご本尊は十一面千手千眼観音《せんじゅせんげんかんのん》坐像で、その左右に五百体ずつの観音さまがお祀りされておりますので、一度に千一体の観音さまとお会いすることができます。これら数多くの仏像は、運慶《うんけい》、湛慶《たんけい》をはじめとする鎌倉時代の仏師、約七〇人が三〇年がかりで作りあげたもので、一体ずつお顔がちがいますから、かならず自分とよく似た仏さまと巡り会えるといわれております。観音さまのほかにも風神、雷神などの二十八部衆《ぶしゅう》も安置され、鎌倉時代の仏像彫刻の傑作が集められております。

また、三十三間堂といえば、「通《とお》し矢」の行事でも知られております。これは毎年一月におこなわれる弓の高段者《こうだんしゃ》による引き初めの行事で、現在は弓道をたしなむ人々の成人式にもなっております。

長いお堂の端から端へ、上達を願って二本の矢を射るのですが、鎌倉時代から江戸時代にかけての通し矢は、命中率を競う競技会でした。江戸中期の貞享三年（一六八六）、紀州藩の和佐大八郎《わさだいはちろう》が一昼夜に一三〇五三本の

ガイドからひと言

三十三間堂では自分が今会いたい人の顔に似た仏さまに会えるといわれております。わたくしも離れて住んでいる姉によく似た仏さまを見つけ、感極まって泣いてしまった思い出がございます。今でも大好きなお寺です。

矢を放ち、八一三三本を命中させたという記録が残っており、歴代の優勝者をたたえる額がお堂の天井にかかげられております。

鉄の柵にかこまれたなかにうつくしい建物が見えてまいりましたが、明治二八年（一八九五）、文化財の保存と研究、そして美術鑑賞の場として建てられた京都国立博物館です。赤いレンガ造の本館は、フランスルネサンス様式の建築で、門の奥の中庭には、フランスの有名な彫刻家、ロダンの名作「考える人」のブロンズ像がございます。

ちなみに、わが国の国立博物館は、東京、奈良、京都、九州の四ヶ所にございます。

三十三間堂の横には、血天井で有名な浄土真宗の養源院がございます。

ここは豊臣秀吉の側室となった淀君が、父、浅井長政の冥福《めいふく》を祈るために建立したところで、長政の法名《ほうみょう》をとって養源院と名付けられました。

現在の建物は、淀君の妹で、徳川二代将軍秀忠夫人であった崇源院《すうげんいん》が、

養源院
京都市東山区三十三間堂廻町656
☎075・561・3887
9時〜16時（12月31日、1月、5月、9月の各21日午後休）
拝観料・大人500円、小人300円

伏見城取りこわしのときにお城に使われていた材木を利用して再建したもので、血天井のあるお寺として知られております。

慶長五年（一六〇〇）の関ヶ原の合戦のとき、伏見城にはすでに徳川家康が入城しており、家来の鳥居元忠《もとただ》の軍勢が守っておりました。そこへ西軍の総大将、石田三成の軍が攻めてきて、玉砕を覚悟してお城にたてこもった元忠以下数百名の家来は、伏見城で討死してしまったのでございます。

お城の廊下は血の海となり、拭いても拭いても消えませんので、元忠らがこの世に未練をのこして死んでいったのだろうといわれておりました。

やがて徳川幕府は、「太閤（秀吉）のおもかげをのこすものはすべてこの世から抹殺せよ」という命令を出し、伏見城も壊して、使える材木で京都の神社仏閣の修理再建をすることになりました。

このとき、血のついた廊下の板を、また廊下に使って人に踏まれたのでは元忠らも浮かばれないだろうと、天井に使って供養することになりました。これが血天井でございます。血天井のあるお寺は、養源院のほかに源光庵、正伝寺、宝泉院などがございます。

ガイドからひと言

養源院には豊臣秀吉の伏見城からうつした部屋があり、廊下は「鶯張り」です。天下の大泥棒・石川五右衛門が伏見城に盗みに入り、鶯張りの廊下のせいで秀吉につかまったというお話もございます。もしかしたら五右衛門も歩いたかもしれない廊下を歩けるのも養源院の魅力です。

血天井や俵屋宗達筆の白象の絵など見どころいっぱいの養源院ですが、お寺の方がくわしく説明してくださるので、なにも知らずにおとずれてもいろいろ学べるたのしいお寺です。

国立博物館の奥には、豊臣秀吉を祀る豊國《とよくに》神社がございます。

露と落ち露と消えにしわが身かな難波《なにわ》のことも夢のまた夢

という辞世の句をのこして、一代の英雄豊臣秀吉は、わが子秀頼の行く末を心配しながら、六三歳を一期《いちご》として慶長三年（一五九八）伏見城で亡くなりました。

お墓は東山三十六峰のひとつ、阿弥陀ヶ峯に造られ、すぐそばに日光東照宮の模範になったといわれる立派なお社《やしろ》も創建されましたが、徳川時代になってすべて壊されてしまいました。現在のお社は、明治天皇が豊臣家ゆかりの方広寺のとなりに建てたもので、唐門《からもん》は伏見城から南禅寺へうつされ、さらにこちらへうつされました。

とくに左甚五郎《ひだりじんごろう》作といわれる欄間の鶴の彫刻は、「目なし鶴」とよばれるみごとな作品で、目を入れると本当に飛んでいってしまうかもしれないというので、わざと目は作っていないのだそうです。

豊國神社
京都市東山区大和大路通正面茶屋町
☎０７５・５６１・３８０２
9時～16時30分
境内拝観自由（宝物館は有料）

豊國神社のとなりに、方広寺というお寺があります。

ここは天正一四年（一五八六）、豊臣秀吉が建立したお寺で、高さ一九メートルの木造の大仏さまがお祀りされておりましたが、慶長元年（一五九六）の地震で壊れてしまいましたので、徳川家康は豊臣家の財力を消耗させる目的もかねて、淀君と豊臣秀頼にすすめてお寺を再建させました。

このとき、高さ四メートルの釣鐘もつくられましたが、この鐘に刻まれた銘文の一部が問題の「国家安康、君臣豊楽」の文字です。

豊臣家は、ただ国家が安泰で皆が豊かになるようにと願って書かせたようですが、徳川家康は「家康の字を安いという字でふたつに切り、逆さにして読めば豊臣を主君として楽しむ」と考えられると因縁をつけ、これをもとに大坂冬の陣、夏の陣を起こして秀頼を攻め、とうとう豊臣家を滅亡に導きました。

「つきもせぬ鐘に難波の花が散り」いうあわれな句が思い出されますが、この方広寺も昭和四八年（一九七三）の火災でほとんどの建物を失い、現在は歴史を大きく動かすきっかけとなった鐘楼《しょうろう》がのこされております。

⛩方広寺
京都市東山区大和大路通正面茶屋町527-2
☎075・561・1720
9時～16時
境内拝観自由（本堂200円）

豊國神社の近くには耳塚がございます。その由来は、豊臣秀吉が文禄《ぶんろく》の役《えき》で朝鮮に出兵したとき、討ちとった敵の首のかわりに、耳をそいで持ち帰り埋めたものとか、大仏建立のときの鋳型を埋めた御影塚《みえづか》がなまったものとかいわれ、はっきりしたことはわかっておりません。

七条大橋

これより渡ってまいりますのが七条大橋、下の流れは鴨川です。上流の三条からこのあたりにかけての鴨川の河原は、平安時代から江戸時代まで処刑場として使われておりました。

今から四二〇年ほど前の文禄三年（一五九四）には、天下の大泥棒、石川五右衛門も豊臣秀吉に捕えられ、この河原で釜茹での刑にされたといわれております。五右衛門の辞世の句は、

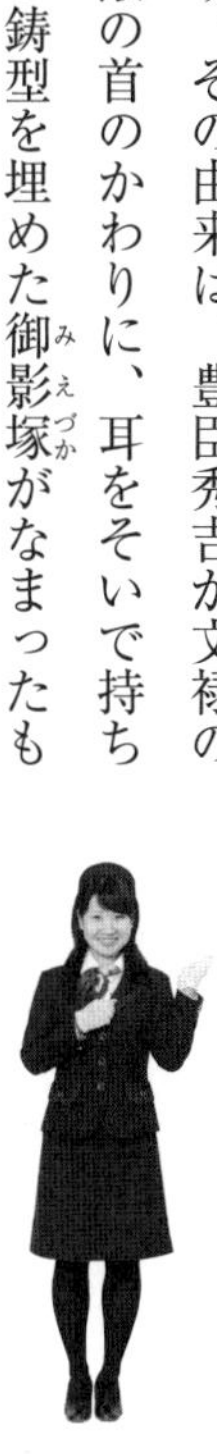

ガイドからひと言

東山界隈と同じく、三十三間堂周辺も、仏像や絵画、庭園などをたのしめるところが徒歩圏内にコンパクトにまとまっているので、はじめて京都に来られる方にはおすすめです。

石川や浜の真砂《まさご》は尽くるとも世に盗人《ぬすびと》の種は尽くまじ

というものですが、これは「私や砂浜の砂がなくなることはあっても、この世から盗人がいなくなることはないだろう」という強気の発言です。五右衛門は本人だけでなく、一族の者も一緒に処刑されましたが、何としても息子だけは助けたいと思い、自分はぐつぐつ茹でられながらも、息子を頭の上に乗せて助けたというお話ものこされております。

七条河原町の交差点にやってまいりました。

このあたりは内浜と申します。浜という言葉は海辺を連想させますが、このあたりは高瀬川の船着場に近いところから生まれた地名です。

人家の奥に木立ちが見えておりますが、東本願寺の別邸となっている渉《しょう》成園《せいえん》で、枳殻邸《きこくてい》とも申します。ここは今から一一四〇年ほど前（八七二）、河原左大臣《かわらのさだいじん》、源融《とおる》の邸宅、六条河原院があったとされるところです。左大臣は陸奥の塩竈《しおがま》の風景をこよなく愛し、わざわざ難波から海水を運ばせて、塩を焼くかまどの煙を再現してたのしんだとつたえられております。

◆渉成園（枳殻邸）
京都市下京区正面通間之町東玉水町
☎０７５・３７１・９２１０
9時～17時（11～2月は～16時）
庭園維持寄付金・一般５００円以上、高校生以下２５０円以上

皆さま、ながい車中、たいへんお疲れさまでございました。

ご予定のコースも滞りなくおわりまして、お別れのお時間となってまいりました。

本日は、お天気にもめぐまれまして、東山に沿って、銀閣寺から平安神宮、知恩院をおたずねいただきましたが、いかがでございましたでしょう。心に残る思い出をお作りいただけましたでしょうか。

わたくしの未熟さもあり、なにかと不行き届きな点が多かったことと思いますが、どうかお心広くおゆるしいただきまして、今後とも機会がございましたら、わたくしどもヤサカ観光バスをご利用いただきますよう、お願いいたします。

お話しておりますとお名残りがつきませんが、皆さまがたのご健康とご多幸を、そしてご自宅までたのしい旅が続けられますことをお祈り申し上げて、お別れのご挨拶とさせていただきます。

本日はご乗車ありがとうございました。

冷や汗

　わたくしたち新人ガイドは、この本のもとになっているテキストで勉強します。その際、「織田信長の命で出陣」を「織田信長のいのちで出陣」と読んでしまったり、「一時は隆盛を極めたものの」を「一時はたかもりを極めたものの」と読んだりといったように、テキストの読み間違いを先輩から指摘されるときがあります。おはずかしいことですが、こうしてひとつひとつ勉強していくのです。

　さて、新人ガイドにとってご案内先について暗記するのも大変なのですが、いざ仕事に出ていちばんびっくりするのが急なコースの変更です。たとえば京都駅から奈良に行く予定が、新幹線の遅れで急に京都市内を見学することになったときなどです。

　慣れてくればどうということもないのでしょうが、新人にとっては一大事。とにかくありったけの知識を引っ張り出し、歌でつないで何とか切り抜けました。顔はわらっていましたが、内心は冷や汗ものでした。

　京都にはお客さまがご存知の逸話がたくさんございます。わたくしたち新人ガイドも持ちネタを増やして、どんなコース変更にも対応できるように精進しています。

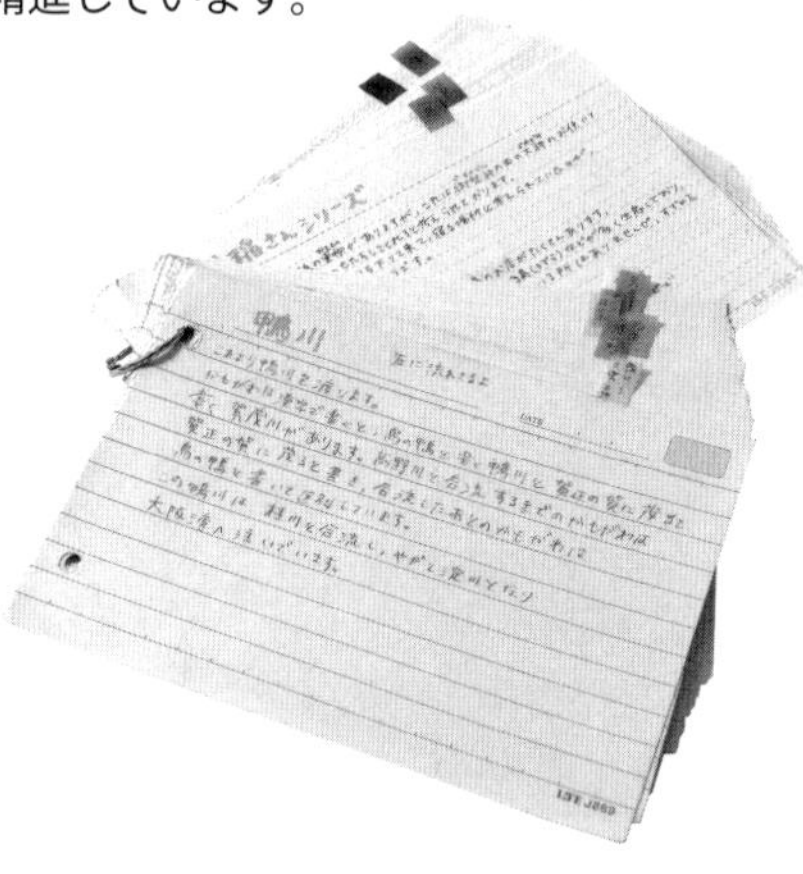

「ほげた」

ガイドのなかには地方出身者もたくさんいて、全国各地の方言が飛びかっています。

平等院鳳凰堂の前で「あちらのお堂の『ほげた』ところからご本尊の阿弥陀如来をご覧ください」とご案内し、お客さまにポカンとされた九州出身のガイドがいます。九州弁では「穴の開いた」ということを「ほげた」といい、彼女が国もとでふつうに使っていたことばだったのです。

意味が通じない方言はいけませんが、ある程度の方言はおなじ地域からいらしたお客さまには親近感を持っていただけるようです。ガイドも自分のふるさとのお客さまをご案内するときは生き生きと方言で話しています。

お菓子の味

ガイドになってはじめての秋、一般のツアーに参加されたお客さまに「嵐山で有名なお菓子はなに？」と尋ねられました。十年ほど前に嵐山で召しあがったお菓子をさがしていらっしゃったのです。

お菓子の知識もあまりなかったので、お客さまが散策されている間に、駐車場に停まっている先輩のガイドさんたちに聞きまわりました。きっと渡月橋の近くの桜餅ではないか、ということだったので、買ってきて召しあがっていただきました。

するとお客さまは涙を流しながら「これです」とおっしゃいました。そもそもこのツアーに参加されたのは亡くなった奥さまとの思い出をたどるためだったそうで、奥さまと一緒に召しあがったお菓子が忘れられず、やっと見つけることができたとお喜びになりました。

それまで甘いものがそれほど好きではなかった私ですが、この日から甘いお菓子も口にするようになり、京菓子の知識も増えていきました。

あなたならだいじょうぶ

混雑する嵐山で誘導を間違えてしまったことがあります。

修学旅行の生徒さんたちが渡月橋で記念撮影をすることになっていたのですが、天龍寺をでて右へ行くべきところを左に行ってしまったのです。

途中で気づいて引き返しましたが、ほかのクラスと十分ほど差がついてしまいました。頭のなかが真っ白になり、ただひたすら謝り続けました。

そこから京都駅までの車中、何を話したのかおぼえていないほど混乱していたのですが、京都駅に到着すると担任の女性の先生が「あなたならだいじょうぶ。がんばってね」と言ってぎゅっとだきしめてくださいました。

そのあたたかさが今もわたくしの支えになっています。

3 いざ、清水へ

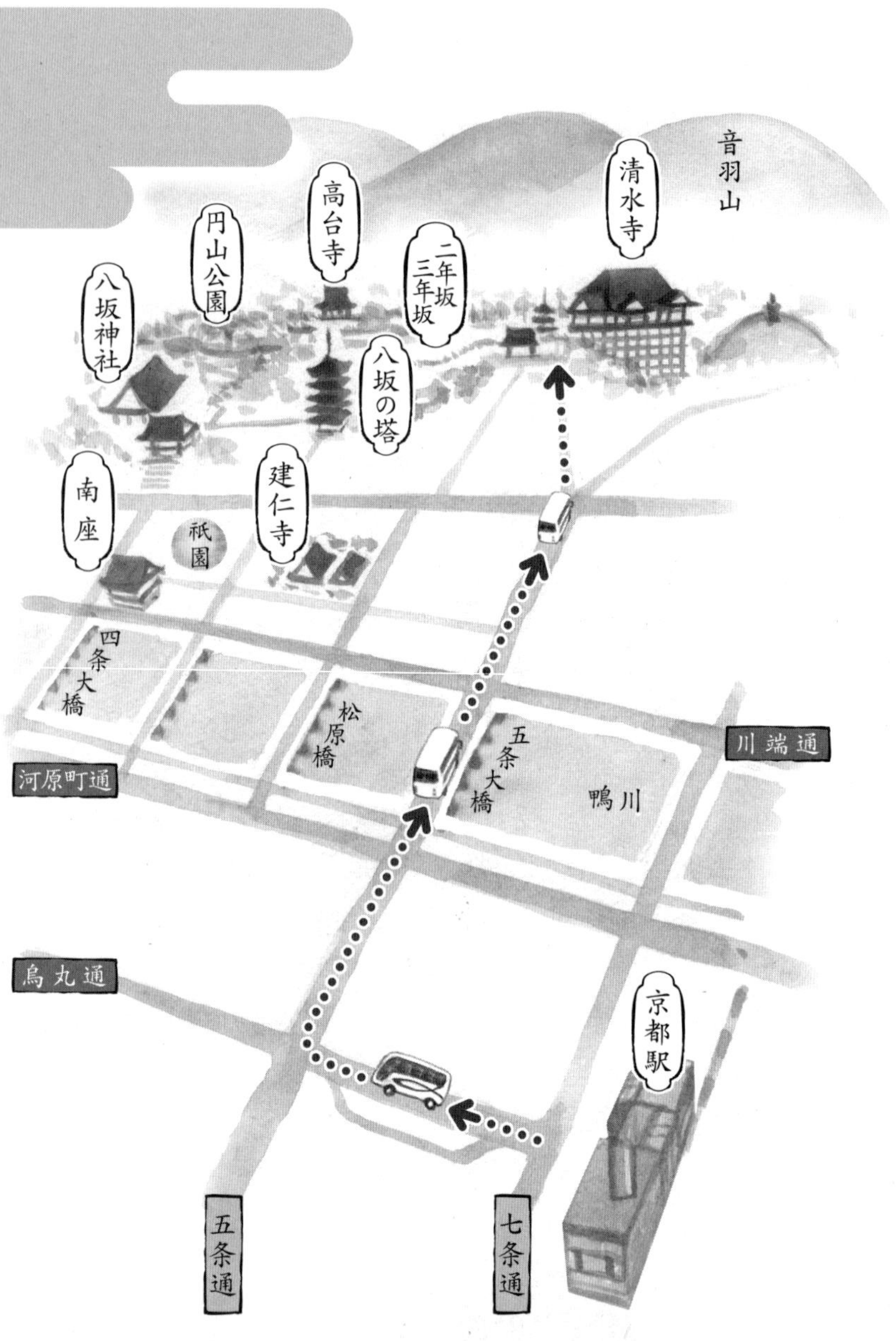

音羽山
清水寺
二年坂
三年坂
高台寺
円山公園
八坂神社
八坂の塔
建仁寺
南座
祇園
四条大橋
松原橋
五条大橋
鴨川
川端通
河原町通
烏丸通
京都駅
五条通
七条通

皆さま、おはようございます。遠路はるばるようこそ京都へおこしくださいました。ながい列車の旅、たいへんお疲れさまでございました。

本日はわたくしどもヤサカ観光バスをご利用いただきまして、まことにありがとうございます。

さて、京都はちょうど桜の時節でございまして、町のあちらこちらで今が盛りと咲きほこっております。うららかな春の散策をおたのしみくださいませ。

本日、ご縁がございましてわたくしが皆さまのお供をさせていただきます。まだまだ未熟者で、皆さまにじゅうぶんのご満足をいただけないかもわかりませんが、お心広くおゆるしいただきまして、今日一日どうぞよろしくお願いいたします。

それではこれより舞台造で有名な清水寺をご見学いただき、そこから徒歩で三年坂、ねねの道を通り、みごとなしだれ桜で知られる円山公園までご案内させていただきます。

牛若丸と弁慶

車はこれより五条通を通ってまいります。

さて皆さま、ご乗車いただいて早速ではございますが、京の五条と申しますと、牛若丸と弁慶の出会いの場としてあまりにも有名な五条大橋が思い出されます。

ではこのあたりで、ふたりの出会いについてご紹介してまいりましょう。

弁慶は紀州熊野の別当《べっとう》の子として生まれました。七歳のときに比叡山延暦寺に預けられましたが、生まれもっての暴れん坊のため先生の怒りにふれ、山を下りて武蔵坊《むさしぼう》弁慶と名乗っておりました。

その後、西の比叡山といわれる播州書写山円教寺《ばんしゅうしょしゃざんえんきょうじ》で修行を続けていましたが、ある日、昼寝をしていた弁慶の顔にほかのお坊さんが墨で落書きを

五条大橋の牛若丸と弁慶像

しました。すると、それに怒った弁慶とお坊さんたちが喧嘩《けんか》になり、ろうそくの火を倒してお寺は火事になり、お堂は全焼してしまいました。

責任を感じた弁慶は、お堂を再建するための釘《くぎ》を買うお金を作って献上しようと思い立ち、夜な夜な五条大橋にやってきては、高価な刀を持った人に試合を挑《いど》み、自分が勝つと相手の刀を取りあげていました。目標の千本に達したら、刀を売ってお金を作ろうとしていたのです。

力の強い弁慶は、九九九本までは簡単に集めることができました。いよいよ満願の日、立派な相手と勝負したいものだと思って、いつものように人がくるのを待っていますと、やってきたのは女の子のようなうつくしい少年でした。記念すべき千本目がこんな子供が相手とは、とがっかりした弁慶でしたが、いざ切りかかってみると、少年はひらりひらりと身をかわし、あっという間に弁慶を降参させてしまいました。この少年が牛若丸、のちの源義経《よしつね》なのです。

それ以来、牛若丸の家来となった弁慶は、生涯を源義経にささげ、最期は奥州平泉《おうしゅうひらいずみ》で義経をかばって体中に矢を射られ、立ったまま死んでいきました。これが有名な弁慶の立往生《たちおうじょう》ですが、この光景を見た多くの武士は、敵味方の区別なくこのような家来を持ちたいものだと、感動の涙を流したとつたえられております。

五条大橋のたもとのグリーンベルトのなかに、牛若丸と弁慶の御所人形風の像が見えてまいりました。笛を持って台の上に乗っているのが牛若丸、下で長刀《なぎなた》を持って構えているのが弁慶さんです。

ではこれより牛若丸と弁慶の出会いの場として有名な、五条大橋を渡ってまいります。現在の橋は昭和三四年(一九五九)に改修されたものですが、欄干《らんかん》の擬宝珠《ぎぼし》は牛若丸と弁慶の時代のものです。

すぐ上流に見えている橋を松原橋と申しまして、牛若丸と弁慶の物語に登場する五条大橋は、じつはあちらの橋だそうです。ここは当時、六条坊《ぼう》門《もん》通とよばれ、橋のない通りでしたが、豊臣秀吉が京都の区画整理をしたとき、御所へ出向くのに都合がよいというので立派な橋を架け、のちにこちらを五条大橋と名付けたそうです。

ガイドからひと言

五条大橋を渡るときには弁慶さんと牛若丸の像をご覧いただき、「牛若丸」の歌をご紹介します。三番まである歌なのですが、それに加えて「京都弁バージョン」「英語バージョン」もご紹介します。かなり強引な歌詞なのですが、お客さまにはよろこんでいただけます。

清水寺

前方に東山三十六峰のひとつ、音羽山《おとわやま》が近づいてまいりました。

あの音羽山の中腹に、舞台造で有名な音羽山《おとわさん》清水寺がございます。

この清水寺は平安京ができる少し前（一二〇〇年あまり前）、大和の子嶋寺《こじまでら》の延鎮《えんちん》というお坊さんが、小さな庵《いおり》に住したのがはじまりといわれ、その後、坂上田村麻呂《さかのうえのたむらまろ》の努力で大きなお寺になりました。

しかし、宗派が法相宗《ほっそうしゅう》で、奈良の興福寺に属しておりましたので、都が京都へうつってから力を持った天台宗の比叡山延暦寺とは仲が悪く、南都《なんと》北嶺《ほくれい》の戦い（奈良の大きなお寺と延暦寺との戦い）のとき、たびたび焼き討ちをかけられ、一時はたいへん荒れはてておりました。

現在の清水寺の建物は、江戸時代になってから徳川三代将軍家光がつぎつぎと再建したものでございます。

車は五条坂をのぼっております。

お待たせいたしました、清水寺到着でございます。

これより境内をご案内してまいりますので、はぐれないようにご一緒におこしくださいませ。

狛犬

左右をご覧くださいませ。

両側に狛犬《こまいぬ》さんがありますが、おかしいところがふたつございます。

まず、お寺に狛犬があることです。

これは清水寺の鎮守《ちんじゅ》さまである地主《じしゅ》神社の狛犬さんをここにお祀りしており、むかしは神仏混淆でしたから、おかしなことではありませんでした。

もうひとつは、狛犬さんの口です。ふつうは右が「あ」、左は「ん」ですが、どちらも口を開けて笑っております。

これは、清水寺がこのような高いところにありますので、おまいりのお

清水寺【世界文化遺産】
京都市東山区清水1−294
☎075・551・1234
6時〜18時（夜間拝観など時期によって異なる）
境内拝観自由（本堂・高校生以上300円、小中学生200円、夜間拝観などは異なる）

清水寺境内

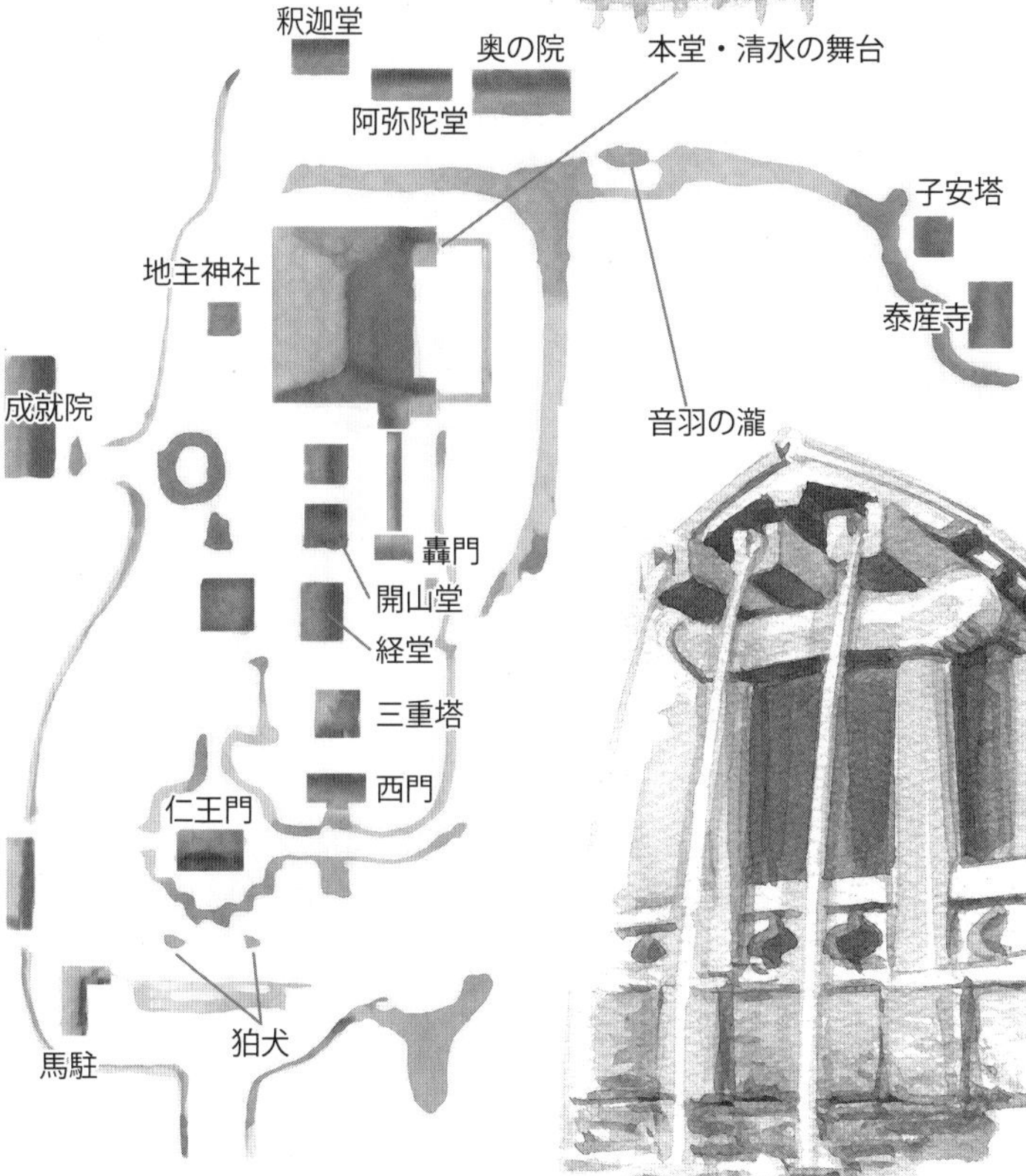
釈迦堂
奥の院
本堂・清水の舞台
阿弥陀堂
子安塔
地主神社
泰産寺
成就院
音羽の瀧
轟門
開山堂
経堂
三重塔
西門
仁王門
狛犬
馬駐

客さまもついつい愚痴をこぼしてしまいます。そこで、「せっかくここまでのぼってきても、愚痴をこぼしながらのおまいりでは、ご利益も半分になってしまいますよ、私たちのように笑っておまいりしてください」といっているのだそうで、通称笑い獅子《じし》とよばれております。

それではさらに上へまいりますが、どうぞ皆さまも笑っておのぼりくださいませ。

西門

右上の門は西門《さいもん》と申しまして、かつては清水寺の正門でした。

寛永八年（一六三一）の建築で、蟇股《かえるまた》の彫刻など桃山風の豪華なものです。

正面の門が仁《に》王門《おうもん》で、別名を目隠し門とよばれています。

現在はこの門が清水寺の正門ですが、西門を正門としていた室町時代、門を通る人が京都の町の方を見ますと、眼下に京都御所がよく見えました。そこで、このような高いところから御所を見おろすのは申しわけないというので、視界をさえぎるためにこの門が建てられました。

ガイドからひと言

一年でいちばんたくさんご案内する観光名所が清水寺です。そのためお寺の方やおみやげ屋さんにも顔なじみができてまいります。

毎年会社で成人式を終えた新成人のガイドたちは、振袖すがたで清水寺を参拝します。いつもの制服すがたでなくても「ヤサカのガイドさん、おめでとう」とお寺やお店の方が祝福してくださいます。

また、左の建物は江戸時代につくられた馬駐《うまとど》めで、馬を五頭ほどつないでおくことができます。どんなに高貴な方でも、ここからは歩いておまいりされました。このような建物はほとんどのこされておりませんので、貴重なものとなっております。

三重塔

高さは三一メートルございます。

三重塔は平安初期に坂上田村麻呂の娘、春子によって建てられたとつたえられておりましたが、昭和六二年（一九八七）の修復工事のとき、江戸初期に再建されたものであることがわかりました。内部には大日如来が安置されております。

三重塔のとなりの経堂には釈迦三尊像が安置され、開山堂（田村堂）には清水寺を開創した大和子島寺の僧・延鎮の像や、お寺を大きくした坂上田村麻呂の衣冠束帯すがたの像などが安置されています。

成就院

こちらが成就院《じょうじゅいん》です。

清水寺の本坊にあたる建物で、幕末のころ、勤皇の僧、月照《げっしょう》と、その弟の信海が住んでおりました。やがて月照と西郷隆盛は海に入水してしまいますが、隆盛は漁師に助けられ、明治維新にかけて国事に奔走したことはあまりにも有名です。正面の石碑は、右から西郷隆盛、月照、信海の碑でございます。

中門

正面の門が中門で、別名轟門《とどろきもん》とも申します。

門の前の手洗い水の台の四隅に梟《ふくろう》の彫刻がありますので、この水を梟水とよんでおります。

皆さま、こちらの石をご覧くださいませ。

石に足型が刻まれておりますが、仏足石《ぶっそくせき》と申しまして、お釈迦さまの足型を刻んだものです。

仏像が流行しはじめたころのインドでは、仏像を人間の形に似せてつくってはいけないという考え方があり、足型や法輪《ほうりん》（仏の教え）を刻んで拝んでいたそうです。さかんに仏像がつくられるようになってからも仏足石を拝む習慣は残っておりました。

また、この清水寺の仏足石は、わたくしたち人間が一生の間に知らず知らず踏み殺してしまう虫の魂を供養するものだともいわれております。

続いてこちらの鉄下駄と錫杖《しゃくじょう》（お坊さんの持つ杖）をご覧ください。たいへん大きなものですので、弁慶さんが使ったのではないかといわれておりますが、じつは明治時代に、ひとりのお坊さんが一〇〇段の階段を一万回上り下りしようという願をかけ、それがみごとに達成できたとき、満願成就のお礼に奉納したものです。下駄は両方で一二キロ、小さい錫杖は一四キロ、大きい錫杖は九〇キロ以上ございます。

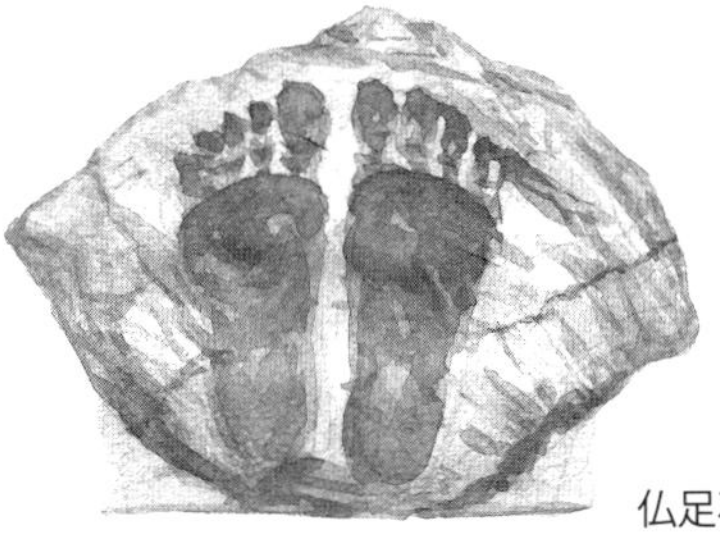
仏足石

清水の舞台

ただいま皆さまにお立ちいただいているこちらが、有名な清水寺の舞台です。むかしから思い切ったことをするときに、「清水の舞台から飛び降りたつもりで」と申しますが、ここを指していったものです。

舞台の広さは、畳三〇〇畳ほどでございます。

それでは前方の景色をご覧ください。

正面に三重塔が見えておりますが、泰産寺《たいさんじ》の子安塔《こやすのとう》と申します。

奈良の大仏さまをつくった第四五代聖武天皇の后、光明皇后が、安産祈願をした観音さまがお祀りされております。光明皇后は無事に孝謙天皇を出産なさいましたので、そのご利益にあやかろうと、桓武天皇の皇女誕生のとき、奈良からうつされました。現在の建物は明治時代にうつされたものですが、今も安産の神様として深く信仰されております。

続いて子安塔のむこうのお山をご覧くださいませ。

あちらのお山は、豊臣秀吉のお墓のある阿弥陀ヶ峯《あみだがみね》です。

秀吉は慶長三年（一五九八）八月、伏見城で亡くなりましたが、ちょうど二度目の朝鮮出兵の最中でしたので、家来たちが動揺するのをおそれてその死は公表されず、ごく身近に仕えていた家来たちが、ひそかに葬ったとつたえられております。

本堂

それでは本堂をご覧くださいませ。

清水寺の本堂は、坂上田村麻呂が長岡京の紫宸殿《ししんでん》を賜って建てたという伝説もありますが、現在の建物は徳川三代将軍家光の再建でございます。

ひわだぶきの屋根の、しっかりした四柱造《しちゅうづくり》で、国宝に指定され、内部にはご本尊の十一面千手千眼観音立像《せんじゅせんげんかんのんりゅうぞう》がお祀りされております。

このご本尊は、西国三十三所観音霊場第十六番の札所になっている仏さまで、普段は秘仏になっており、三三年に一度開かれております。

地主神社

こちらは清水寺の鎮守のお社《やしろ》、地主《じしゅ》神社です。縁結びの神様としては、出雲大社についでご利益があるといわれ、良縁祈願の皆さんでにぎわっております。また、境内の桜は地主桜と申しまして、豊臣秀吉が好んでお花見をしたところでございます。

阿弥陀堂

ここから奥の方に、三つのお堂がならんでおります。手前から釈迦三尊を安置している釈迦堂、真ん中が法然上人が我が国ではじめてお念仏の道場とした阿弥陀堂、奥が本堂と同じように舞台造になっている奥の院です。

奥の院の裏には、百体地蔵とよばれるたくさんのお地蔵さまがお祀りされています。小さな子供さんを亡くした人がおまいりにきますと、かならずわが子とよく似たお地蔵さまに会えて、心がなぐさめられるといわれているところです。

また、水中に安置されている石造の濡《ぬ》れ手観音は、お水をかけて祈願するところから、水かけ観音ともよばれております。

さて皆さま、こちらから舞台のつくりを見上げてご覧くださいませ。

崖《がけ》から突き出たような形になっておりまして、これを懸崖造《けんがいづくり》と申します。

また、一三九本の欅《けやき》の丸柱を、釘を一本も使わないで組み合わせておりますので、地獄止めとも申します。高さは一一メートル、石垣も合わせますと二〇メートルにもなります。このようなつくりは大和の長谷寺《はせでら》、近江の石山寺《いしやまでら》にもありますが、清水寺の舞台がいちばん立派でございます。

音羽の瀧

あちらの三筋の瀧をご覧ください。

松風や音羽の瀧の清水を結ぶ心は涼しかるらん

と、御詠歌に詠まれた音羽《おとわ》の瀧です。

瀧の上には不動明王がお祀りされており、願をかけた人々がこの瀧に打たれて修行をしておりました。しかし、いつのころからかこの瀧の水をひとつ選んで一口だけ飲むと、願いがかなうといわれるようになり、いつも多くの人でにぎわうようになりました。

それでは皆さまにもお水を飲んでいただきますが、向かって左が学問成就のお水、真ん中が恋愛成就のお水、右が延命長寿のお水といわれております。

どうぞどれかひとつ選んで、一口だけお飲みくださいませ。二口三口と飲みますと、ご利益が二分の一、三分の一になってしまうそうですから、ご注意くださいませ。

ではここから円山《まるやま》公園まで徒歩でご案内いたします。

坂道が続きますので、お足もとにご注意くださいませ。

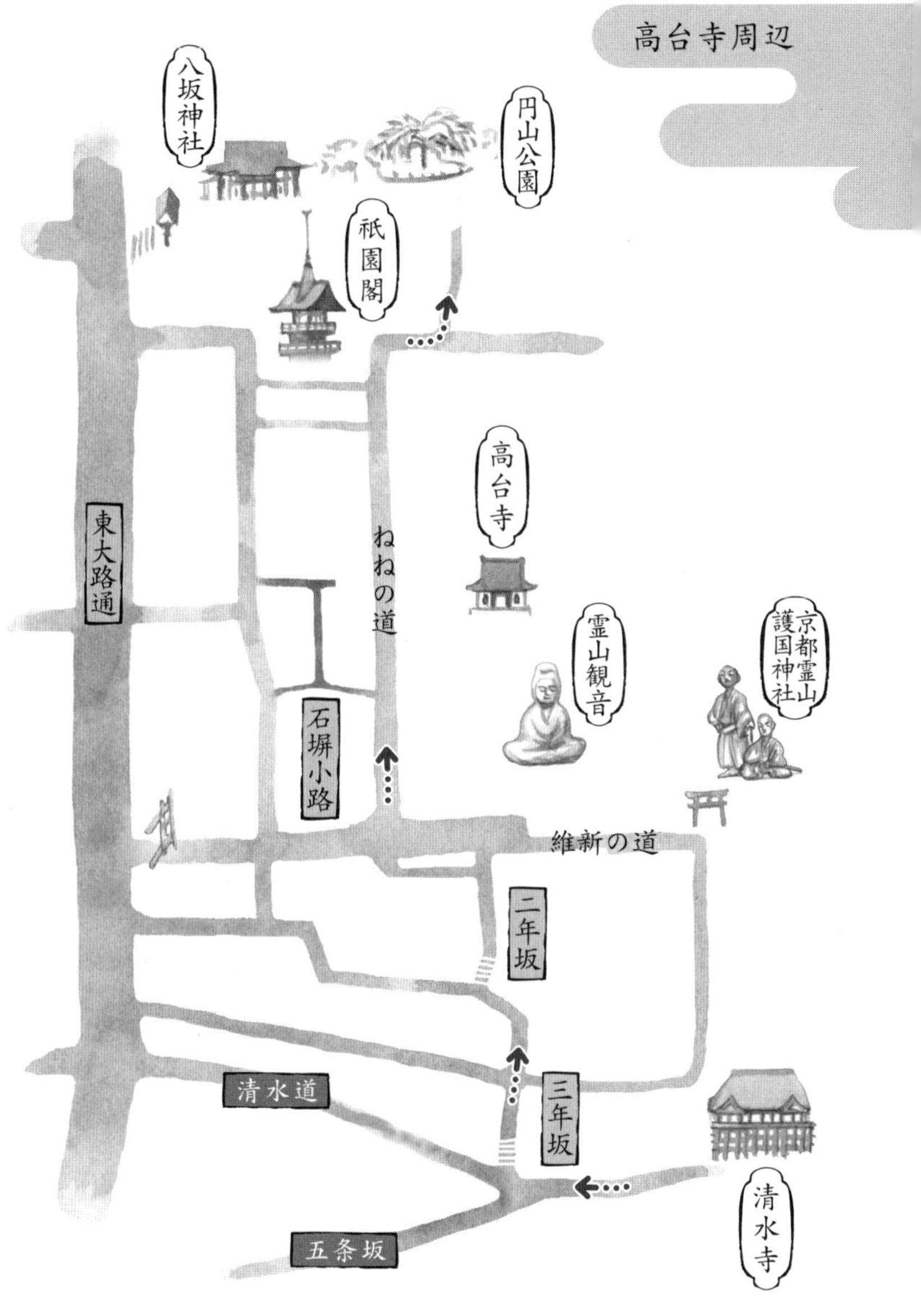
高台寺周辺
八坂神社
円山公園
祇園閣
高台寺
ねねの道
東大路通
石塀小路
霊山観音
京都霊山護国神社
維新の道
二年坂
三年坂
清水道
清水寺
五条坂

東山散策

これより石段の坂道を通ってまいりますが、二年坂、三年坂と申します。平安時代初期の大同二年（八〇七）と大同三年につくられた坂道ということでこの名が付いたといわれますが、三年坂は清水の子安観音に安産祈願する人々の参詣道にあたることから、安産の産の字を使って産寧坂《さんねいざか》とも申します。

史跡や社寺、清水焼、西陣織、竹細工などを売る小さなお店などが軒をつらねておりまして、その風情ある町並みは京都の縮刷版のようだといわれ、重要伝統的建造物群保存地区に指定されております。

こちら、ねねの道の右手に見えますのが高台寺でございます。

高台寺
京都市東山区高台寺下河原町526
☎075・561・9966
9時～17時
拝観料・大人600円、中高生250円（高台寺掌美術館入館料を含む）

豊臣秀吉の正室北政所《きたのまんどころ》（ねね）が秀吉の冥福を祈るために建立したお寺で、もとは曹洞宗のお寺でしたが、のちに臨済宗に改められました。徳川家康は北政所の気を引くため、このお寺に惜しみない援助をしたとつたえられております。

庭園は小堀遠州の作で、東山を借景とした萩の花の多い落ち着いたお庭でございます。また、霊屋《おたまや》という建物のなかにあるお厨子《ずし》の扉と須見壇《しゅみだん》には、有名な高台寺蒔絵《まきえ》がほどこされ、秀吉と北政所の木像が安置されています。そして、木像の下が北政所のお墓にもなっておりまして、霊屋の奥には、傘亭《かさてい》、時雨亭《しぐれてい》というお茶室もございます。

また、巨大な観音坐像がご覧いただけますが、霊山観音《りょうぜんかんのん》と申しまして、戦争犠牲者の冥福を祈って建立されました。

コンクリート造で、高さ二四メートルあり、昭和三〇年（一九五五）に完成いたしました。観音さまの裏から胎内《たいない》に入ることができまして、胎内には十二支の守り本尊が安置されております。

◆霊山観音
京都市東山区高台寺下河原町526−2
☎075・561・2205
8時40分〜16時20分
参拝料・一般200円、高校生以下150円

霊山観音の山手には、京都霊山護国神社がございます。

幕末から維新にかけての志士たちや、第二次世界大戦の京都府出身者の戦没者の霊をお祀りしております。ここは、幕末に山口、高知、福岡、熊本の各藩が殉難者《じゅんなんしゃ》をお祀りしたのが起こりといわれ、現在のお社《やしろ》は明治元年（一八六八）に創立されました。

境内には維新の志士のお墓が五五〇基ほどありまして、なかでも坂本龍馬、中岡慎太郎、木戸孝允《たかよし》のお墓はよく知られております。一帯は明治維新史跡公園になっておりまして、護国神社へつづく参道は「維新の道」とよばれています。

石塀小路《いしべこうじ》は京都らしさがぎゅっと詰め込まれたような魅力的な小路で、テレビコマーシャルにも登場し、今や全国的に有名になりました。

さっさと通り抜ければ二分とかからない石畳の道ですが、いかにも京都らしい風情のある料亭や旅館などがならんでおりまして、つい行ったり来たりしてしまうところでございます。

⌂京都霊山護国神社
京都市東山区清閑寺霊山町1
☎075・561・7124
8時～17時
境内拝観自由（霊山墳墓拝観・大人300円、小中学生200円）

ガイドからひと言

坂本龍馬は誕生日と命日が同じ11月15日なので、京都では墓前祭が、高知では誕生祭がおこなわれます。当日、霊山護国神社には全国からたくさんの方が龍馬のお墓参りにお越しになります。おなじみの着物すがたに髪を結わえて龍馬になりきった方が何十人もいらっしゃり、今も変わらぬ人気はさすがだなあと思います。

こちらのかやぶき屋根の質素な建物を芭蕉堂《ばしょうどう》と申しまして、木彫の松尾芭蕉像が安置されています。

むかし、この地にあった阿弥陀坊という庵《いおり》を西行が訪れまして、「柴の庵と聞くは悔しき名なれども世に好もしき住居なりけり」と詠みました。のちに芭蕉が西行のこの歌をしのんで、「柴の戸の月やそのままあみだ坊」と詠みまして、これにちなんで江戸中期に建てられたものです。

芭蕉堂のとなりにある素朴な庵が西行庵です。

西行法師が諸国行脚の途中、しばらくここに庵を結んでいたことから、そのゆかりの地として建てられたもので、なかには西行とふたりの弟子の木像が安置されています。

その向いに祇園祭の鉾《ほこ》の形をした高い建物が目立ちますが、祇園閣と申しまして、昭和三年（一九二八）、当時の大倉財閥の大倉喜八郎が別荘内につくった建物です。鉄筋コンクリート造で、高さ三六メートルあり、設計者は東京の築地本願寺などを手がけた伊東忠太氏です。

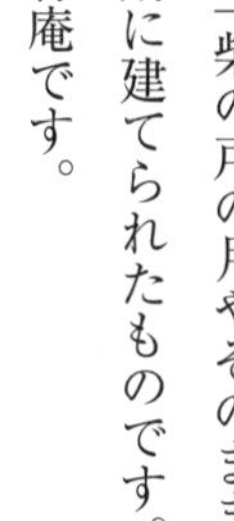

ガイドからひと言

祇園閣は最初の計画では金閣、銀閣に続く銅閣を建てる予定でした。しかしイメージが奇抜だったため、設計を依頼した伊東忠太氏に断られ、逆に祇園祭の鉾はどうかと提案され、いまの形に決まったそうです。銅閣は幻に終わりましたが、一応屋根は銅ぶきです。

左右に手入れのゆきとどいた参道がございますが、こちらは「おひがしさん」の名で親しまれている東本願寺の祖廟で、東大谷（大谷祖廟）と申します。親鸞《しんらん》聖人の分骨とともに、全国の信者さんの遺骨が納められております。

東大谷の山手に、平家滅亡後、平清盛の娘であった建礼門院徳子が、出家したところとして知られている長楽寺がございます。本堂には、建礼門院がわが子の安徳天皇の衣で作った仏幡《ぶっぱん》や、建礼門院像などの寺宝が展示されています。

こちらの公園が、「春は花いざ見にごんせ東山色香《いろか》あらそう夜桜《よざくら》や……」と、端唄「京の四季」にうたわれた円山公園です。明治一九年（一八八六）に開かれた京都で最も古い公園で、とくに桜が多く、祇園の夜桜として花の季節には多くの花見客でにぎわうのでございます。

山手には、坂本龍馬、中岡慎太郎の銅像がございます。

こちらが円山公園の桜のなかでもとくに有名なしだれ桜です。開園当時からあった初代の木は、惜しくも昭和二二年（一九四七）に枯れてしまい、現在の木は二代目ですが、昭和三年（一九二八）生まれですから、もう樹齢八〇年あまりとなりました。ライトアップされた満開の夜桜はみごとでございます。

皆さま、ながい道中、たいへんお疲れさまでございました。

ご予定のコースも滞りなくおわりまして、お別れのお時間となってまいりました。

本日は、お天気にもめぐまれまして、清水寺から円山公園まで、京の春のひとときをおすごしいただきましたが、いかがでございましたでしょう。

心に残る思い出をお作りいただけましたでしょうか。

わたくしの未熟さもあり、なにかと不行き届きな点が多かったことと思いますが、どうかお心広くおゆるしいただきまして、今後とも機会がございましたら、わたくしどもヤサカ観光バスをご利用いただきますよう、お願いいたします。

お話しておりますとお名残りがつきませんが、皆さまがたのご健康とご多幸を、そして明日もたのしい旅が続けられますことをお祈り申し上げて、お別れのご挨拶とさせていただきます。

本日はご乗車ありがとうございました。

修学旅行

東日本大震災の被災地である宮城県の高校の修学旅行を担当したガイドがいます。

この高校は震災で学校行事がすべて取りやめになるなか、修学旅行だけはなんとしても実現しようとがんばってこられました。クラス全員で楽しめるただひとつの行事が修学旅行でしたので、京都も奈良もいずれもとても楽しそうに見学されていました。

そんな思い入れのある修学旅行を担当させていただいたガイドは「ガイドさんがあなたでよかった」と言われて感動し、絶対にこの子たちが卒業するまでガイドをやめないと心に誓いました。

翌年の三月、担当したガイドがその高校の卒業式に招待され、先生や生徒の皆さんとひさしぶりの再会を喜びあいました。卒業生のなかには、ヤサカ観光バスに入社することになった生徒もいました。

その年の夏、この高校が甲子園に出場し、修学旅行を担当したガイドたちと応援に行き、見事初戦を突破。はじめて甲子園で聴く校歌に感動しました。

そして十二月、この高校から二年ぶりに京都へ修学旅行にいらっしゃいました。卒業生の新人ガイドは先輩とともにご案内ができることを何よりうれしく思っていたのでした。

新聞

新聞を読むのが大好きなのですが、あるとき読者の投稿欄にわたくしが担当した仕事のことが書かれているのを見つけました。「今までなかなか地域活動に参加できなかったのですが、やっと地域の皆さんと旅行に参加することができ、ガイドさんにていねいに説明してもらったおかげでたのしい旅行になりました」というものでした。

お客さまから直接お礼を言っていただくのもうれしいのですが、こうして間接的に好きな新聞紙上でうれしい記事を見つけると、感動もひとしおです。

人数確認

秋の行楽シーズン、東福寺で人数確認をおこたり、お客さまを乗せ残したことがあります。ほかのお客さまが「もうそろったよ」とおっしゃったので、それを鵜呑みにして出発してしまったのです。置き去りにされたお客さまから電話があり、はじめて気がつきました。次の見学地までタクシーで向かっていただき、合流することができました。

とても寛容なお客さまでしたので、その後もなごやかに観光を続けられましたが、わたくしには相当のショックでした。もしも山奥で置き去りにしてしまったら、と思うと今でもぞっとしてしまいます。それからは人一倍人数確認を確実におこなうようにしています。

4 歴史の舞台をたどる

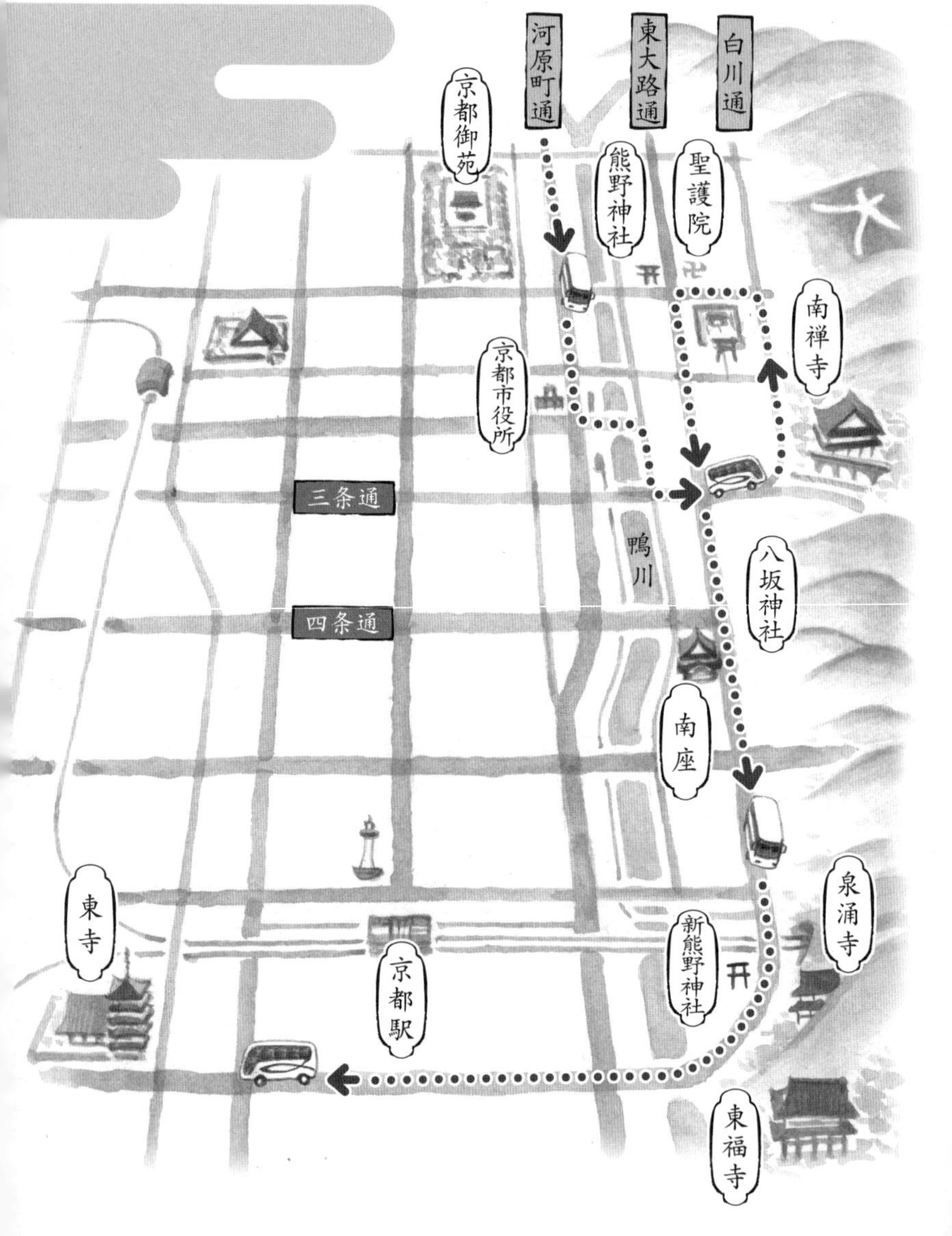
河原町通
東大路通
白川通
京都御苑
熊野神社
聖護院
南禅寺
京都市役所
三条通
鴨川
八坂神社
四条通
南座
泉涌寺
東寺
新熊野神社
京都駅
東福寺

皆さま、おはようございます。

本日もわたくしどもヤサカ観光バスをご利用いただきまして、まことにありがとうございます。

春爛漫の京都でのお目覚めはいかがでしたでしょうか。

今日も雲ひとつない晴天ですので、古都の春のひとときをおたのしみいただけることと思います。

本日、ご縁がございましてわたくしが皆さまのお供をさせていただきます。まだまだ未熟者でございますが、一生懸命つとめてまいりますので、今日一日どうぞよろしくお願いいたします。

それではこれより市内中心部を通って南禅寺、聖護院、今熊野、東福寺、東寺を経て京都駅までご案内させていただきます。

続いて車内でのご注意をご案内いたします。

走行中は席を立たれませんように、窓から手や顔を出されませんように、お願いいたします。非常口は右後方にございますので、おそれいりますがふり返ってご確認くださいませ。

寺町通

車は京都御苑《ぎょえん》の東を通っておりますが、このあたり一帯には、平安時代に藤原道長がつくった法成寺《ほうじょうじ》という大きなお寺がありました。

当時は、極楽浄土への人々のあこがれが非常に高まった時代で、早く確実に極楽浄土へいくためには、この世にいるときから阿弥陀如来《あみだにょらい》におすがりする必要があると教えられていました。

この末法《まっぽう》思想は、裕福な貴族たちにたくさんのお寺をつくらせました。藤原道長は摂関政治で成功し、一族も大輪の花のように栄えておりましたので、惜しげもなくお金を使ってお寺をつくりました。この道長や息子の頼通《よりみち》のつくったお寺でとくに有名なのが、宇治の平等院《びょうどういん》です。

ここにあったという法成寺は、平等院よりもみごとだったといわれ、阿

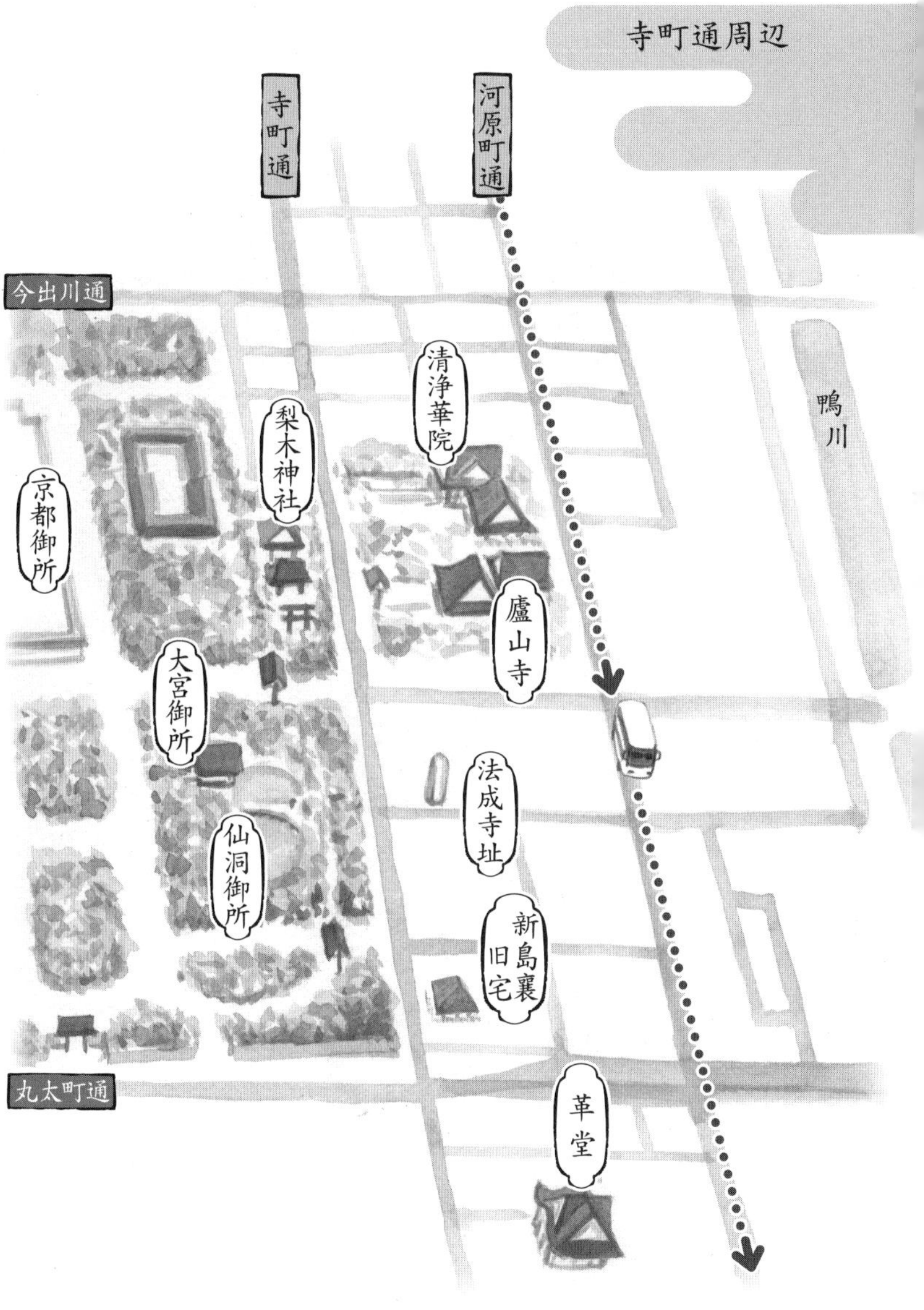
寺町通周辺
寺町通
河原町通
今出川通
鴨川
清浄華院
梨木神社
京都御所
盧山寺
大宮御所
法成寺址
仙洞御所
新島襄旧宅
丸太町通
革堂

弥陀堂には丈六《じょうろく》の阿弥陀如来像が九体も安置されていたそうで、その様子は『栄華物語』や『大鏡』にくわしく書かれております。訪れた人々は、極楽浄土をこの世にあらわしたようだと感動の涙を流したそうですが、残念ながら鎌倉時代には廃絶してしまいました。

清浄華院《しょうじょうけいいん》は平安時代の初期に、清和天皇の勅願によって宮中内の道場として創建されました。以来、天台、真言、仏心、戒律の四宗兼学のお寺でしたが、後白河法皇が法然上人を住持《じゅうじ》としてから浄土宗に改められました。

現在の建物は明治以後の再建ですが、御影堂、阿弥陀堂を中心に、不動堂、地蔵堂、鐘楼など多くの建物が建ちならび、大寺のおもかげをのこしております。境内の墓地には山科言継《やましなときつぐ》（戦国時代の公卿であり、皇室経済の維持につとめた人）、姉小路公知《あねがこうじきんとも》（幕末の尊攘派公卿）、玉松操《たままつみさお》（幕末、維新の勤皇家であり、国学者）など、著名人のお墓がございます。

梨木《なしのき》神社は幕末期の公卿、三条実萬《さねつむ》・実美《さねとも》父子の業績を讃えて、明治

⛩清浄華院
京都市上京区寺町通広小路上ル
北之辺町395
☎075・231・2550
拝観日中随時
境内拝観自由

⛩梨木神社
京都市上京区寺町通広小路上ル
☎075・211・0885
6時～17時ごろ
境内拝観自由

一八年（一八八五）に創建されました。

三条実萬は幕末外交について意見を述べ、時局の刷新を計画しましたが、安政の大獄によって出家してしまいました。その志をついだ実美は尊王攘夷運動の先頭に立ちましたが、政変で京都を追われ、七卿落《しちきょうお》ちのひとりとして長州へ逃がれました。しかし、王政復古とともに京都へ帰り、のちに明治新政府の閣僚として活躍いたしました。

梨木神社という名前は、三条家の旧宅があった梨木町の地名をとって名付けられたもので、参道は萩の名所として知られております。

また、境内には京都三名水のひとつ、「染井の水」が湧き出ております。

このあたりは平安時代、清和天皇の生母である藤原明子《あきらけいこ》の里御所、染《そめ》殿《どの》があったところといわれ、染井の水は染所として使われていたとつたえられております。ちなみに京都三名水とは、佐女牛井《さめがい》（醒ヶ井）、縣井《あがたい》、染井の三つですが、今も水をたたえているのは染井だけです。

右奥の寺町通に面して、廬山寺《ろざんじ》がございます。

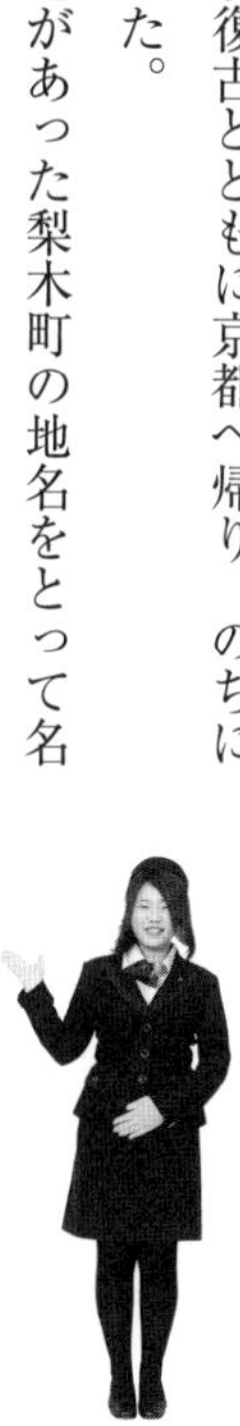

ガイドからひと言

染井は茶道などにも用いられる名水で、お茶人さんや料理人など、多くの方が汲みにこられます。甘くまろやかな名水です。また境内の御神木は桂の木で、葉がハート形をしているところから、いつしか愛の木とよばれるようになり、その木をなでながら願いごとをするとかなうといわれています。

正しくは廬山天台講寺と申しまして、平安時代、元三《がんざん》大師良源《りょうげん》によって開かれました。皇室の信仰が厚く、現在の本堂は仙洞御所の一部を移築したものです。

境内には皇室関係のお墓や、秀吉の築いた御土居跡なども残っておりますが、この地は『源氏物語』の作者、紫式部の邸跡であることから、昭和四〇年（一九六五）に「源氏庭」がつくられました。源氏庭は、本堂の南に白川砂を敷き、絵巻物の雲を形どった苔を置き、その苔の上に紫にちなんで桔梗《ききょう》を植えております。

また、この廬山寺は毎年二月の節分會《せつぶんえ》におこなわれる「追儺式《ついなしき》鬼法楽」という行事でも、広く知られております。

寺町通に面して、同志社の創立者、新島襄《にいじまじょう》先生の旧宅がございます。明治一一年（一八七八）に建てられた和洋折衷の木造二階建で、生前に新島襄先生が愛用されていた遺品がそのまま保存されております。

新島襄先生は幕末にアメリカへ渡り、神学を学んで明治七年に帰国し、

廬山寺
京都市上京区寺町広小路上ル北之辺町３９７
☎０７５・２３１・０３５５
9時～16時
拝観料・大人５００円、小中学生４００円

その翌年同志社を創立いたしました。

右手には、西国観音霊場第十九番の札所として知られている革堂《こうどう》がございます。正しくは行願寺と申しまして、平安時代中期に行円《ぎょうえん》上人という僧によって開かれました。

上人は俗人であったころ、山中で牡鹿《おじか》を殺してしまったことを悔いて仏門に入ったそうですが、その後は常に鹿の革で作った衣を着ていたことから革聖とよばれ、お寺の名前も革のお堂と書いて革堂とよばれるようになりました。ご本尊の十一面観音菩薩は秘仏になっておりますが、毎年一月一七、一八日の二日間、公開されております。

また、ここには「幽霊の絵馬」がございます。この絵馬は、表面に子供を背負った若い女のすがたが浮かび、その左側に手鏡がはめこんであるというものです。これは江戸時代、このお寺の近くの質屋に子守りとして奉公していたお文という娘が、革堂の御詠歌を子守歌がわりにとなえていたのを、法華信者だった主人にとがめられ殺されてしまいました。ところが

ガイドからひと言

新島襄先生は畳の部屋はつくらず、洋式、寝室にはベッド、トイレも洋式、奥さまの八重さんと日本人ではじめてキリスト教式の結婚式をするという、当時としてはとてもモダンな暮らしをされていました。

ちなみに結婚式のドレス、披露宴でふるまわれたクッキーは八重さんの手作りだったそうです。

行願寺（革堂）
京都市中京区寺町通竹屋町上ル行願寺門前町
☎０７５・２１１・２７７０
8時～16時30分
境内拝観自由

娘は亡霊となって両親に訴えましたので、愛用の手鏡を添えて絵馬を奉納し、手厚く葬ったとつたえられております。

池田屋址

スマートなホテルが見えてまいりましたが、京都ホテルオークラです。

このホテルが建っているところは、もと長州屋敷のあったところで、幕末にはこのあたりから鴨川にかけて、新選組や幕府を倒そうとする人たちが、多くの争いをくりかえしたところでございます。

なお、ホテルの西には桂小五郎（木戸孝允《たかよし》）の銅像、東には佐久間象山の遭難碑が建てられています。

このあたりから河原町通の繁華街が続いてまいりますが、右手に入った

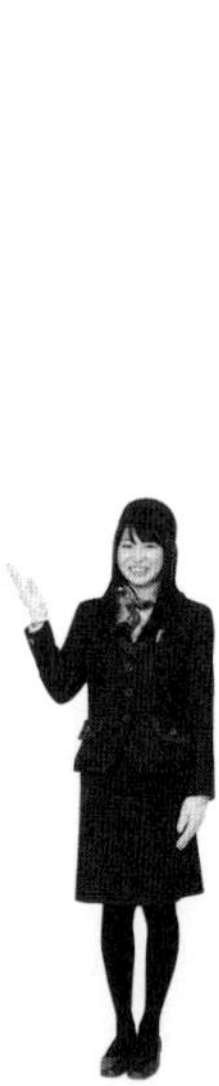

ガイドからひと言

池田屋騒動のときの刀傷が、三条大橋の南側、西から二番目の欄干の擬宝珠に、今も残っています。

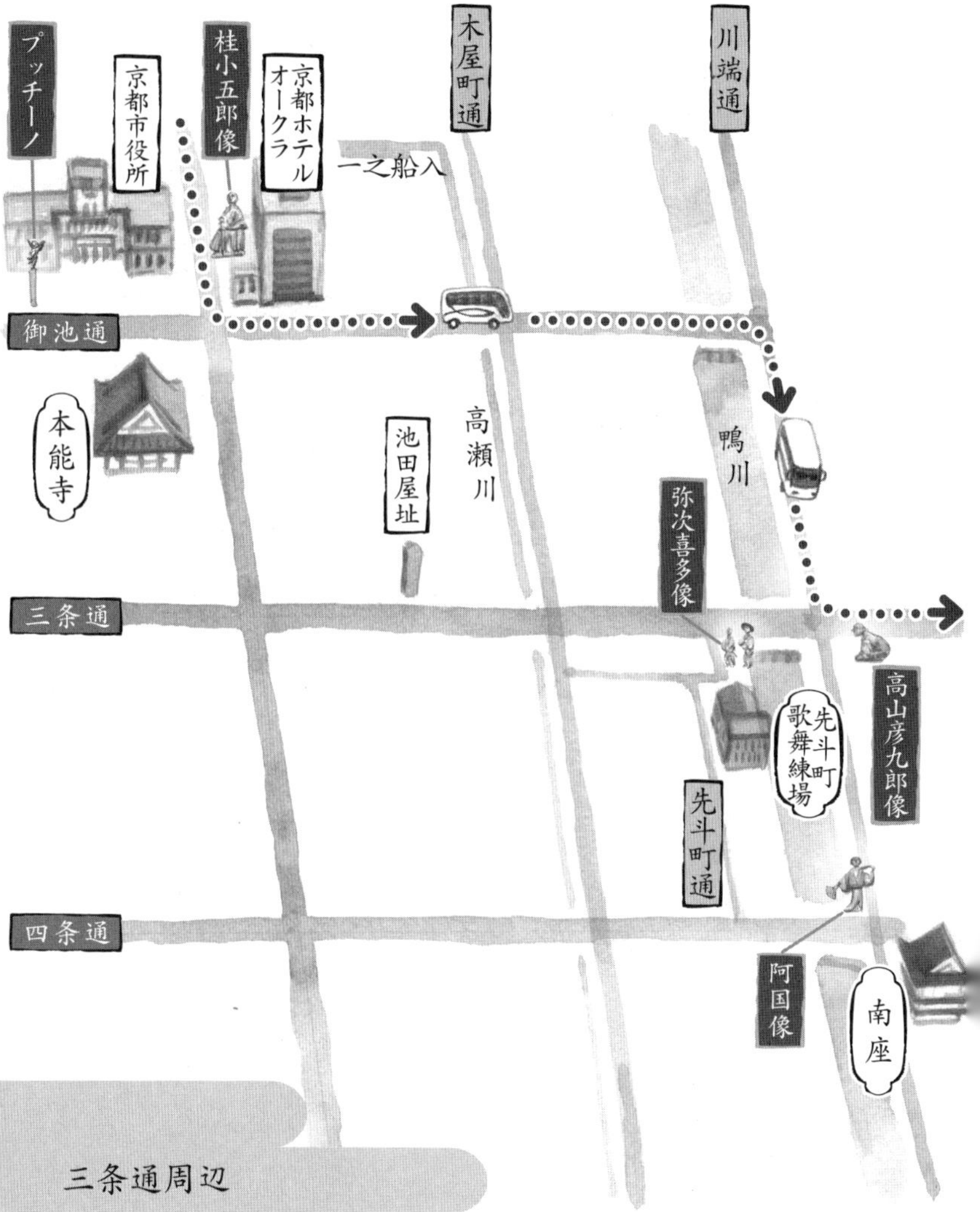

プッチーノ
京都市役所
桂小五郎像
京都ホテルオークラ
木屋町通
川端通
一之船入
御池通
本能寺
池田屋址
高瀬川
鴨川
弥次喜多像
三条通
高山彦九郎像
先斗町歌舞練場
先斗町通
四条通
阿国像
南座

三条通周辺

三条小橋《こばし》のたもとに池田屋址の石碑がございます。

池田屋とは、幕末に新選組が一躍その名を世間に知らしめた池田屋騒動の舞台となった宿です。幕末の元治元年（一八六四）六月五日の夜、池田屋に集合し、御所焼き打ちの策を練っていた長州勢たちを、近藤勇《いさみ》が指揮する新選組隊士が襲いました。これによって明治維新が一年遅れたともいわれております。

昭和に入ってからは史跡の宿、佐々木旅館として知られておりましたが、現在では石碑だけとなっております。

右手のどっしりとした建物は、昭和二年（一九二七）に建てられた京都市役所です。京都市は明治二二年（一八八九）に市制が施かれ、現在（平成二六年）人口一四七万人、一一の区をもつ政令指定都市でございます。

京都市は世界のいろいろな都市と友好関係を結んでおりまして、市役所前には各都市から送られたプレゼントが飾られております。イルカを抱いた坊やのブロンズ像は、イタリアのフィレンツェから贈られたプッチーノ

プッチーノちゃん

ちゃんです。このほかにもアメリカボストンからのガス灯、フランスパリからの街路灯、中国西安からの塔などがございます。

市役所のむかいの本能寺会館の奥には、有名な本能寺がございます。織田信長が京都の宿泊所としていた本能寺は、明智光秀が起こした本能寺の変で焼失してしまいましたので、豊臣秀吉が京都の区画整理をしたとき、ここに再建いたしました。境内に織田信長の供養塔がございます。

これより高瀬川を渡ってまいります。

左手に少し上がったところには、高瀬舟の船着き場としてつくられた堀割が残っておりまして、高瀬川一之船入《いちのふないり》として史跡に指定されております。江戸時代には、二条から五条までの間に七つの船入があり、川筋には材木問屋などがならんで繁栄を極めたといわれておりますが、明治以降は利用されることも少なくなり、現在では復元された高瀬舟が置かれて、かつての繁栄をしのばせております。

本能寺
京都市中京区寺町通御池下ル下本能寺前町5
☎075・231・5335
6時～17時
境内拝観自由

ガイドからひと言

高瀬川沿いには柳や桜が多く植えられ、ライトアップもおこなわれます。とくに一之船入のあたりはゆっくり夜桜をたのしむことができます。

この高瀬川は今から四〇〇年ほど前、豊臣秀頼が方広寺を建て直すとき、大きな材木を運ぶために、京都の貿易商人、角倉了以《すみのくらりょうい》に命じてつくらせたわが国最初の運河です。当時はもっと川幅が広く、船底の浅い高瀬舟で材木を運んでおりました。川沿いにはしぜんと材木屋さんが増え、いつのころからか木屋町とよばれるようになりました。

現在、三条から四条にかけての木屋町通は、京都の代表的なネオン街となっております。また、明治の文豪森鷗外の小説『高瀬舟』は、この川をテーマに描かれております。

三条大橋

鴨川にはたくさんの橋が架けられておりますが、間もなくかつての東海道の西の起点、三条大橋が見えてまいります。

現在の三条大橋は鉄筋コンクリートも一部使われている近代的なものですが、むかしの橋は豊臣秀吉が増田長盛《ましたながもり》に命じて架けさせたもので、江戸時代には多くの人や馬が通り、また川の氾濫《はんらん》で壊れてしまうこともあり、傷んだ部分に当て板をして、応急処置をしているようなありさまでした。

そんな時代のある日、東国《とうごく》からやってきたひとりの武士が、当て板をした継ぎはぎだらけの三条大橋を見てびっくりいたしました。武士は、「京都の人はここが都だといつも威張《いば》っているが、有名な三条大橋がこんなありさまとはなさけない。しかし、思ったことをすぐに口に出しては角が立つ。ここはひとつ、歌を詠んで遠回しに嫌味をいってやろう」と考え、「来てみればさすが都は歌所《うたどころ》橋の上にも色紙短冊《しきしたんざく》」と詠みました。

プライドの高い都の人が無意識にみっともない修理の仕方をしているのではないですよね。都は歌の名所だから、思いついたらすぐ歌を書けるように、わざと橋にも色紙や短冊を用意しているのですよね、という意味です。まことにユーモアセンスのあふれた武士がいたものでございます。

橋の東詰にある銅像は高山彦九郎《ひこくろう》の像で、高山彦九郎は江戸時代中期か

ガイドからひと言

三条大橋の西詰には、十返舎《じっぺんしゃ》一九《いっく》が書いた『東海道中膝栗毛《とうかいどうちゅうひざくりげ》』に登場する弥次郎兵衛と喜多八の像があります。旅の話の主人公ということで、旅の安全祈願のためにつくられました。その近くにはなでると無事に帰れるという「撫《な》で石」も置かれています。京都には年間五千万人もの方がお越しになります。わたくしたちも皆さまの旅のご無事をお祈りしております。

ら、すでに幕府よりも天皇中心の政治を望んでいた尊皇《そんのう》論者でした。

この銅像のすがたは、京都へやってきた彦九郎が荒れはてた御所を見て、「おいたわしい」と伏し拝んでいる様子をあらわしております。

右手に「鴨川をどり」がおこなわれる先斗町歌舞練場《ぽんとちょうかぶれんじょう》が見えてまいります。

先斗町は祇園とともに京都の花街《かがい》を代表するところで、舞妓さんのすがたも見かけられます。

鴨川と高瀬川にはさまれたせまい通りここ先斗町は、ひとりで歩くには広すぎて、三人で歩くにはせますぎる、ふたりで歩くのがちょうどよいという粋な通りでございます。

四条大橋のたもとには歌舞伎の殿堂、南座がございます。

歌舞伎は江戸時代のはじめ、男装の阿国《おくに》と女装の男性が、四条河原《がわら》に小屋を建てて踊ったのがはじまりです。

高山彦九郎像

阿国は謎の人物で、島根県出雲の出身とも、京都洛北の出雲路《いずもじ》河原《がわら》出身ともいわれております。演技に特別なストーリーはなく踊りが主体で、観客は芝の上に座って見物しました。そこから「芝居」という言葉が生まれたそうです。

その後、何人かの女性役者が生まれましたが、女性の身分が低い時代でしたので、女性を舞台に立たせるのは風紀が乱れるといわれ、男役も女役もすべて男性が演じるようになり、今の歌舞伎の形ができあがりました。

かつて四条河原付近には七軒の芝居小屋がありましたが、現在では南座だけが残っており、平成三年（一九九一）にお化粧直しがおこなわれました。また、南座の西出入口のところに石碑がありますが、「阿国歌舞伎発祥地」と刻まれ、四条大橋の北詰には、阿国のブロンズ像が南座を見つめて立っております。

南座で毎年一一月三〇日から一二月二六日にかけておこなわれる顔見世《かおみせ》興行は、よく知られております。

むかしはそれぞれの芝居小屋と、そこに出演する役者さんとは一年契約

ガイドからひと言

今では全国で食べられているにしんそばの発祥は、南座のとなりにお店を構える「松葉」さんだといわれています。創業は江戸時代ですが、にしんそばが生まれたのは明治のはじめです。二代目の与三吉さんが、やわらかく煮た身欠きにしんをそば種にすると、たちまち京都中の評判をよび、以来にしんそばをメニューに加えるそば屋さんが増えたそうです。「一に食べたいいもぼう料理、にしんそばなら通好み……」と、京都人にとっては欠かせない食べ物でございます。

を結んでおりました。そこで年末になると、来年の契約をした役者さんの名前を「まねき」に書いて張り出しました。つまり、どの芝居小屋が人気者の役者さんと契約できたか、話題になったのです。

現在は年間契約はありませんし劇場も南座だけですが、古き良き時代のイメージをのこすために、顔見世興行というよび方はのこされております。

三条通

車は三条通を通っております。

この通りはむかしなつかしい東海道の名残りでございまして、徳川幕府が整備した五街道のなかでも、江戸と京の都を結ぶ重要な街道でした。かつては振り分け荷物の旅人や、参勤交代の大名行列がにぎやかに通ったところで、江戸からの大名行列はこの近くの青蓮院《しょうれんいん》で通行許可を取ってからでないと、都のなかへは入れなかったそうです。

このあたりは粟田口《あわたぐち》と申します。

三条小鍛冶《こかじ》宗近《むねちか》や粟田口吉光などの有名な刀鍛冶《かたなかじ》が出たところで、また江戸時代には清水焼とならぶ粟田焼の産地として知られておりました。

粟田焼は徳川三代将軍家光のころ、三文字屋九右衛門がはじめたといわれ、淡い玉子色で器全体に細かい乳《にゅう》（ひび）が入っているのが特徴で、なかには金銀をふんだんに使ったものもありました。この器に毒を盛ると色が変化したところから、宮中や幕府で多く用いられ、海外への輸出もおこなわれたりしましたが、今では残念ながらすがたを消してしまいました。

右手のなだらかな坂にレールが敷かれておりますが、インクラインの名残でございます。

疏水運河を利用して、琵琶湖の物資が船で京都へと運ばれてきましたが、水力発電を起こすための瀧のような水の段差は船が通行できませんので、インクラインという仕掛けがつくられました。これは段差までできた船を台

ガイドからひと言

寺町通から室町通にかけての三条通沿いには洋風建築も多く、明治のおもかげを今につたえる通りです。

周辺には修学旅行生が宿泊される宿もたくさんあり、シーズンになるとさまざまな制服が見られ、さまざまな方言が聞こえてきます。

今もむかしも旅人でにぎわう三条通です。

車に乗せ、坂に敷いたレールを使って下の舟だまりまで運ぶというもので、ひと口でいうならば傾斜を利用した運輸機関です。

そして、舟だまりまできた船は台車から離れてまた水に浮き、京都市内から伏見へ、さらに淀川から大阪へと琵琶湖の恵みを運んでいったのでございます。

南禅寺

右手の松並木の参道を入ってまいりますと、「人に会《お》うて南禅寺を問《と》うをやめよ、一帯《いったい》の青松《せいしょう》道迷わず」と、江戸時代の学者、頼山陽《らいさんよう》に詠まれた臨済宗南禅寺派の大本山、南禅寺がございます。この詩は「人に会って南禅寺はどこですか、などと聞くのは野暮なことです。近くには青々とした松並木が続いて、すぐにわかる立派なお寺です。道に迷うことはありませ

⛩南禅寺
京都市左京区南禅寺福地町86
☎075・771・0365
8時40分〜17時（12〜2月は〜16時30分）
境内拝観自由（方丈庭園一般500円、高校生400円、小中学生300円 三門 一般500円、高校生400円、小中学生300円 南禅院 一般300円、高校生250円、小中学生150円）

ん」という意味です。

ここはもとは亀山法皇の離宮でしたが、今から七〇〇年ほど前の正応四年（一二九一）、大明《だいみん》国師を開山としてお寺といたしました。室町時代には臨済宗の五つの大きなお寺、つまり京都五山の頂点に立ち、塔頭《たっちゅう》六〇、僧侶千人をかかえておりましたが、戦国時代に一時おとろえ、現在のように復興させたのは、徳川家康の頭脳といわれた金地院《こんちいん》崇伝《すうでん》和尚でございます。

南禅寺の三門は京都四大門のひとつに数えられ、歌舞伎のなかでは天下の大泥棒石川五右衛門が隠れ住んで、楼上から京都の町をながめては「絶景かな、絶景かな」といった場所とされておりますが、現在の三門は藤堂《とうどう》高虎《たかとら》が大坂の陣で戦死した人々の菩提を弔うため、江戸時代のはじめに再建したものです。

南禅寺塔頭《たっちゅう》の金地院《こんちいん》は室町時代、北山に創建されたお寺ですが、江戸時代のはじめに崇伝《すうでん》和尚が現在の地に移築いたしました。崇伝は徳川家康にたいへん重用され、お寺の増改築をおこない、東照宮などを設けました。

現在の建物は当時そのままのものです。また、庭園は小堀遠州作の枯山《かれさん》

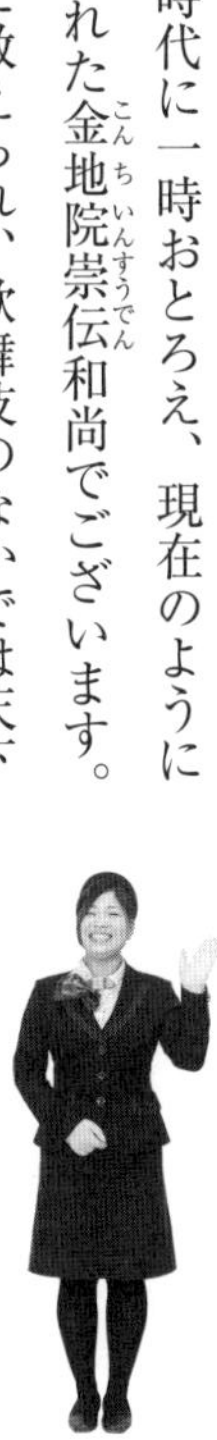

ガイドからひと言

南禅寺の水路閣はよくサスペンスドラマの撮影にも使われ、水路の上にあがると疏水の流れをご覧いただけます。

水路閣が建てられたころは反対もあったそうですが、百年以上たった今では南禅寺の景色の一部になっています。

水路閣の真下に立って橋脚のトンネルを重ねて見るのもおもしろいものです。

れております。

水庭園《すい》で、鶴亀《つるかめ》の庭とよばれる祝儀の庭になっており、特別名勝に指定さ

南禅寺の北にある禅林寺は、通称永観堂とよばれ、京都を代表する紅葉の名所として知られております。楓《かえで》の木にかこまれた広い境内には、東山を背負うようにして本堂、開山堂、御影堂、釈迦堂などが建ちならんでおり、それらの建物は回廊で結ばれているのでございます。

禅林寺は平安時代初期に真紹僧都《しんしょうそうづ》が建立したのが起こりとつたえられておりますが、その後、永観律師《りつし》がこのお寺に入って浄土念仏をとなえたところから、永観堂とよばれるようになりました。

本堂には八〇センチほどの小さな阿弥陀如来《あみだにょらい》立像が安置されておりますが、鎌倉時代の作とつたえられ、京都六阿弥陀のひとつに数えられています。心もち上体をかたむけ、首を左後方に振りかえっている像で、「見返り阿弥陀」とよばれて親しまれております。

ちなみに京都六阿弥陀仏とは、真如堂、禅林寺、清水寺奥の院、安祥院、

金地院
京都市左京区南禅寺福地町86—12
☎075・771・3511
8時30分〜17時（12〜2月は〜16時30分）
拝観料・大人400円、高校生300円、小中学生200円

禅林寺（永観堂）
京都市左京区永観堂町48
☎075・761・0007
9時〜17時
拝観料・一般600円、小中高生400円（寺宝展、夜間の拝観料は異なる）

安養寺、誓願寺の六体を申します。

聖護院

こちらは熊野の交差点です。

南北の東大路通と東西の丸太町通が交差するところですので、東大路丸太町とよぶのが正しいのですが、西北の角に熊野神社があるところから熊野とよばれております。

平安時代、天皇や貴族たちはさかんに紀州の熊野詣をおこないましたが、後白河法皇は熊野三山の神様を京都へうつして、いつでもお詣りできるようにいたしました。それがこの熊野神社で、新熊野《いまくまの》神社、熊野若王子《にゃくおうじ》神社とともに、京都の三熊野とよばれております。

むかしはそれぞれに大きなお社《やしろ》でしたが、今ではいずれもこじんまりと

熊野神社
京都市左京区聖護院山王町43
☎075・771・4054
9時〜17時
境内拝観自由

見返り阿弥陀

した境内になっており、縁結びや安産の神様として信仰されています。

右手うしろの人家の奥に、本山修験宗《しゅげんしゅう》総本山の聖護院がございます。平安時代、白河上皇が熊野三山に参詣したのち、全国の修験者を統轄するために建立したのがはじまりといわれ、そののち、後白河天皇の皇子が入寺してより、門跡《もんぜき》寺院として栄えてまいりました。

さて、江戸時代、この聖護院の近くに八橋《やつはし》という検校《けんぎょう》が住んでおりました。検校というのは、平安時代はお寺や神社の監督に与えられた役職名でしたが、近世では目が不自由でありながら官職についている人のことを申しました。八橋は目が不自由でしたが、お琴の名手として多くの弟子を持ち、箏曲《そうきょく》「六段の調《しらべ》」などを作曲いたしました。

しかし今から三三〇年ほど前の貞享二年(一六八五)、八橋検校が亡くなってしまい、悲しみにくれたお弟子さんたちは先生の名前を後世にのこそうと考え、当時としては高価な米の粉、砂糖、ニッキを使ってお琴の形のお菓子を焼きあげ、「八ツ橋」と名付けて売り出しましたところ、それが大

◆**聖護院門跡**
京都市左京区聖護院中町15
☎075・771・1880
拝観は事前に予約申込が必要
拝観料・一般600円、中高生500円

いに受けて、京都を代表するお菓子になったのでございます。

最近ではお琴の形の焼き八つ橋よりも、生八ツ橋のほうがよく売れているそうで、なかに入っているものも、つぶあん、お抹茶入り、若い方にターゲットをしぼったいちご八ツ橋などが人気を集めております。


聖護院一帯は現在では住宅地になっておりますが、むかしは京野菜のひとつ、聖護院かぶらの名産地でした。

このかぶらは直径二〇センチほどにも育ちまして、蒸したり煮物にするとおいしくいただけますが、京都の冬の味覚、千枚漬の材料としてよく知られております。

千枚漬は聖護院かぶらを薄く輪切りにして、塩漬けにしたあと昆布を敷き、味醂と麹《こうじ》を入れた汁をかけて漬け込みます。食べごろは漬け込んでから一週間くらいで、一〇月から三月ごろに出回ってまいります。まっ白く柔らかな肌ざわりと、上品な甘さが千枚漬の身上といえるようです。

今熊野

車は東大路通をすすんでおります。

間もなく右に見えてまいりますお社《やしろ》は新熊野《いまくまの》神社です。

平安時代末期、後白河法皇が近江の日吉《ひよし》大社と紀州の熊野三山の神様を、京都にも分けてお祀りしたところで、法皇が住んで院政をおこなわれた法住寺の鎮守社とされました。後白河法皇は三四回も熊野に参詣されていますが、当時京都から熊野へいくのは大変なことでした。そこで紀州の「古い」熊野に対する京の「今」の熊野として創建され、熊野信仰の中心となったのでございます。

境内にはみごとな樟《くすのき》がありますが、影向《ようごう》と申しまして、神様がおりてこられる場所と考えられております。

⛩新熊野神社
京都市東山区新熊野梛ノ森町42
☎075・561・4892
9時～17時
境内拝観自由

ガイドからひと言

応安7年（1374）、新熊野神社で観阿弥・世阿弥親子は「新熊野猿楽」を演じます。この能をご覧になった時の将軍足利義満のもとで能楽は発展していったのでございます。

左の道路を入ってまいりますと、泉涌寺《せんにゅうじ》がございます。

このお寺は弘法大師が小さな庵《いおり》を結んで法輪寺《ほうりんじ》と名付けたのが起こりですが、鎌倉時代に月輪《がちりん》大師がお寺を大きくしたとき、境内からうつくしい泉が涌き出ましたので、泉の涌く寺と書いて泉涌寺とよばれるようになりました。泉涌寺は、皇室との関係が深いところから御寺《みてら》ともよばれておりまして、後堀河天皇、四条天皇をはじめ、後水尾《ごみずのお》天皇から孝明天皇まで、江戸時代一四代の天皇皇后陵がございます。

このお寺でとくに知られているのが楊貴妃観音像です。唐の玄宗皇帝が妃の冥福を祈るため、生きているときのすがたそのままにつくらせたといわれておりまして、日本へは鎌倉時代につたえられました。

参道の途中にある即成院《そくじょういん》という塔頭《たっちゅう》には、源平屋島の合戦で扇の的を射落した那須与一《なすのよいち》のお墓がございます。

また、塔頭のひとつ、今熊野観音寺は西国三十三所観音霊場第十五番のお札所として知られています。弘法大師がお祀りした十一面観音や不動明王、毘沙門天などの信仰も篤いところです。

泉涌寺（御寺）
京都市東山区泉涌寺山内町27
☎075・561・1551
9時～16時30分
拝観料・一般500円、小人300円

ガイドからひと言

毎年成人の日、泉涌寺の山内では昭和26年（1951）から続く新春恒例行事「泉山七福神」めぐりがおこなわれます。都七福神、京都七福神めぐりとはちがい、泉涌寺の山内の塔頭のみで七福神めぐりができるのでございます。

泉山七福神・即成院（福禄寿）戒光寺（辯財天）今熊野観音寺（恵比寿神）来迎院（布袋尊）雲龍院（大黒天）法音院（寿老人）悲田院（毘沙門天）

東福寺

皆さま、おそれいりますが左後方をふり返ってご覧くださいませ。

東山を背にして大きなお寺の屋根が見えておりますが、臨済宗東福寺派の大本山東福寺でございます。

今から七九〇年ほど前の建長七年（一二二五）、摂政関白、九條道家が九條家のために建てたお寺で、奈良の東大寺と興福寺から、東と福の字を一字ずついただいて、東福寺と名付けられました。

それ以来、禅宗の大道場として栄え、室町時代には臨済宗の五つの大きなお寺、つまり京都五山にも数えられておりました。

しかし、はなやかな七堂《しちどう》伽藍《がらん》も明治一四年（一八八一）の火災でほとんど焼けてしまい、室町時代のものが残っているのは、三門、月下門、浴室、

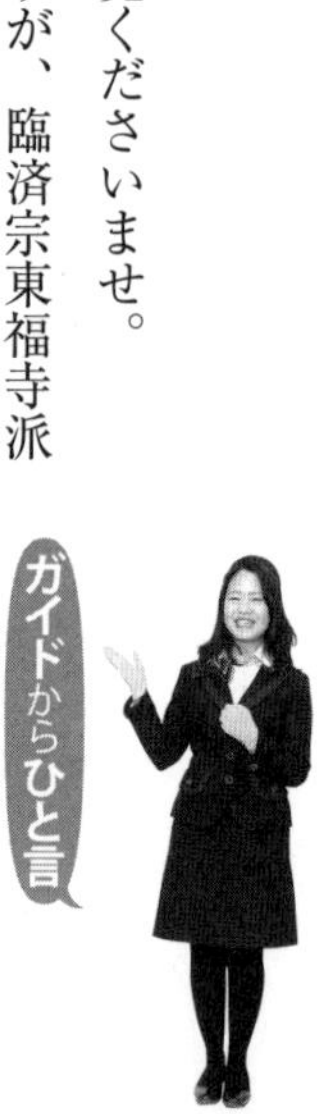

東福寺には日本最古の「東司」（トイレ）があります。東福寺では「百雪隠」とよばれ、室町時代の建築が重要文化財として残っています。禅寺では東司を使うことも修行のひとつとされ、そんな修行の場所だった建物のなかを、外からですがご覧いただくことができます。

ちなみに日本最古の洋式トイレがあるのも京都で、新島襄先生の旧宅にございます。

東司《とうす》（便所）などです。

とくに秋のシーズンになりますとこのお寺をおとずれる方が多いのですが、禅堂と開山堂を結ぶ通天橋という橋の下一帯の紅葉はまことにすばらしく、京都を代表する紅葉の名所となっております。

東福寺
京都市東山区本町15丁目778
☎075・561・0087
9時～16時
拝観料・大人400円、小人300円

東寺

左手に東寺が見えてまいりました。

東寺は、正しくは真言宗総本山教王護国寺《きょうおうごこくじ》と申しまして、第五〇代桓武天皇が平安京をつくられて二年後の延暦一五年（七九六）に、国家安泰を祈るお寺として建てられました。

やがて五二代嵯峨天皇の時代になったとき、このお寺は中国で真言密教をすべてマスターして帰ってきた空海に与えられ、このときから空海は東

教王護国寺（東寺）【世界文化遺産】
京都市南区九条町1
☎075・691・3325
8時30分～17時30分（9月20日～3月19日は～16時30分）
境内拝観自由（金堂・講堂拝観は大人500円、高校生400円、中学生・小人300円）

寺を真言密教の根本道場に定めました。

都の入口にあった羅城門をはさんで西寺《さいじ》もございましたが、西寺は荒れはててしまい、現在は礎石だけが残っております。

その後、東寺は空海が即身成仏《そくしんじょうぶつ》して弘法《こうぼう》大師とよばれるようになりますと、大師信仰とともに栄えていきました。


皆さま、うつくしい五重塔が見えてまいりました。

「人を待つしんきくささに出てみれば東寺の塔はたそがれにけり」と詠まれた、東寺の五重塔でございます。

木造の塔としては日本一高く、高さ五五メートルございまして、現在のものは今から三七〇年ほど前の寛永二一年（一六四四）、徳川三代将軍家光によって再建されたものです。


さて、弘法大師は今から一一八〇年ほど前の承和二年（八三五）三月二一日に亡くなりました。そこで毎月二一日は空海が生きながらにして仏

ガイドからひと言

知る人ぞ知る東寺の朝のお参りが「生身供《しょうじんく》」です。毎朝6時より、弘法大師のお住まいだった「御影堂《みえいどう》」にて、一の膳、二の膳、お茶をお供えするこの法要の期間中は国宝の弘法大師像が開帳され、大師が唐よりお持ち帰りになった仏舎利《ぶっしゃり》を、頭と両手にそっと授けていただけるのでございます。たいへんご利益があると、熱心に毎朝勤行されている地元の方もいらっしゃいます。早起きできるという方は、京都に生き続ける大師信仰を間近でお感じになってみてはいかがでしょうか。

になった日にちなんで御供養がおこなわれ、そのおまいりの人々のためにところせましと露店がならぶようになり、「弘法さん」とよばれて人気を集めるようになったのです。

毎月二五日におこなわれる北野天満宮の「天神さん」とともに、京都の二大縁日として有名です。

また毎月第一日曜には、古美術のガラクタ市も開かれております。

皆さま、ながい車中、たいへんお疲れさまでございました。

ご予定のコースも滞りなくおわりまして、お別れのお時間となってまいりました。

本日はお天気にもめぐまれ、車中からではございますが、京都の春のひとときをおすごしいただけたことと思います。

いかがでございましたでしょう、心に残る思い出をお作りいただけましたでしょうか。

わたくしの未熟さもあり、なにかと不行き届きな点が多かったことと思いますが、どうかお心広くおゆるしいただきまして、今後とも機会がございましたら、わたくしどもヤサカ観光バスをご利用いただきますよう、お願いいたします。

お話しておりますとお名残りがつきませんが、皆さま方のご健康とご多幸を、そしてご自宅までたのしい旅が続けられますことをお祈り申し上げて、お別れのご挨拶とさせていただきます。

本日はご乗車ありがとうございました。

もしものときに

車両火災が発生し、ドアが開かなくなってしまったら……。非常事態にはお客さまを安全にバスの外へ救出しなければなりません。そこで非常ドアからの脱出という場面を想定して避難訓練をおこなっています。

まずはお客さまに落ち着いていただいて、非常ドアを開けてガイドが先に飛び降ります。そしてお客さまに手をかしながらおひとりずつ飛び降りていただくという訓練を実施します。

このほか、防火訓練やＡＥＤの使い方、心臓マッサージなどの訓練もおこなっています。

事故や車両火災はないにこしたことはありませんが、いざというときあわてずに対応できるように、日ごろから意識をもって取り組んでいます。

ご質問

お客さまはいろいろな質問をしてこられます。

修学旅行生の質問で多いのが、「ガイドさん何歳？」「どこ出身？」「彼氏いるの？」です。さすがにある年齢以上のベテランガイドには聞いてこられないようですが。

また、制服のせいなのでしょうか、外国人にもよく道を尋ねられます。かっこよく英語で答えられればいいのですが、身ぶり手ぶりで何とかお答えしています。

京都へ観光にこられるお客さまにはリピーターの方も多く、むずかしい質問をしてこられることもあります。すぐにお答えできない場合はその場で会社に連絡をして調べてもらいます。それでもわからなかった場合は次のように申し上げます。

「今度、京都にお越しくださるまでに勉強しておきます。ですから、今度京都へお越しになった際も、ヤサカ観光バスをご利用くださいませ」。

5 嵐山、嵯峨野めぐり

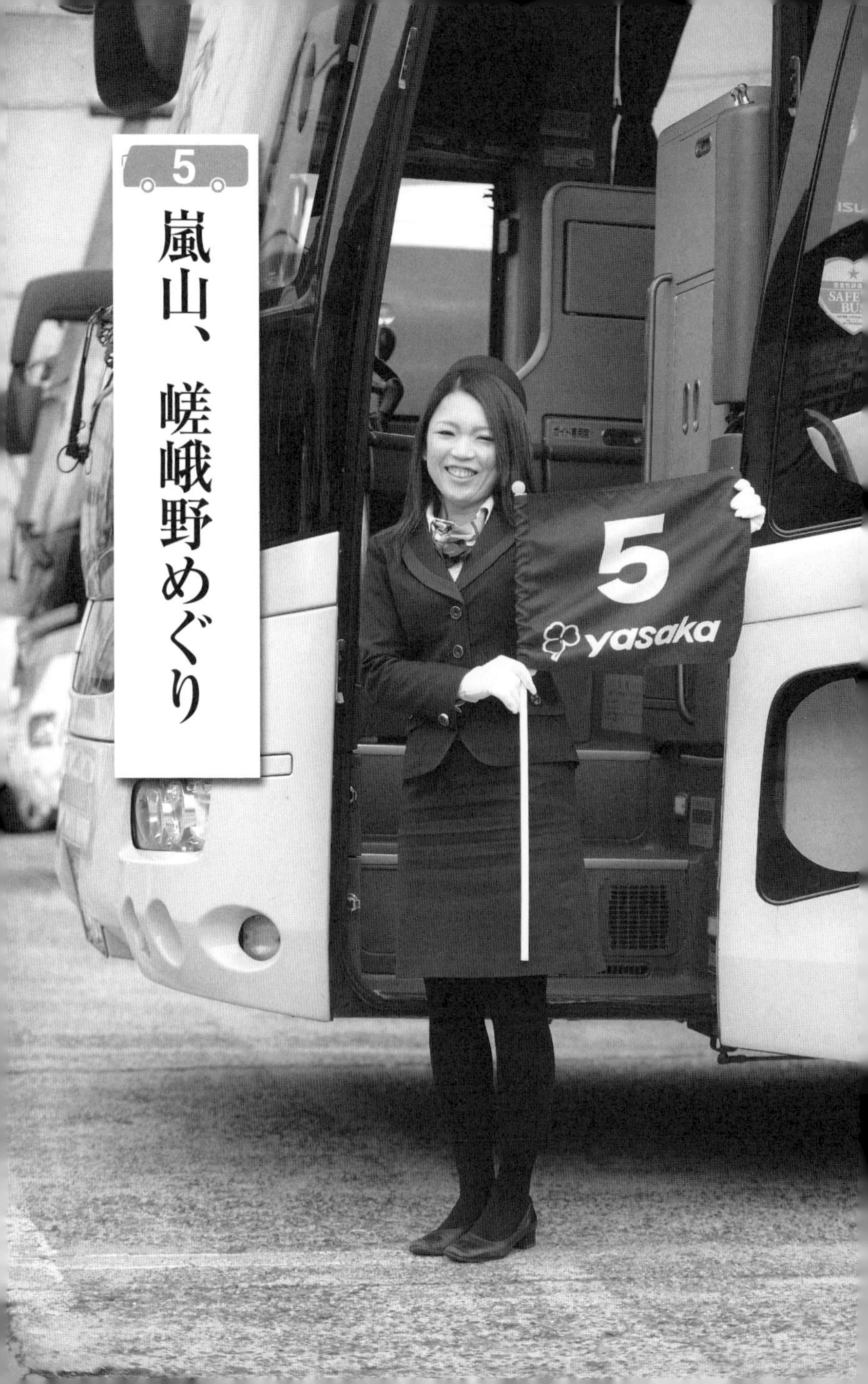

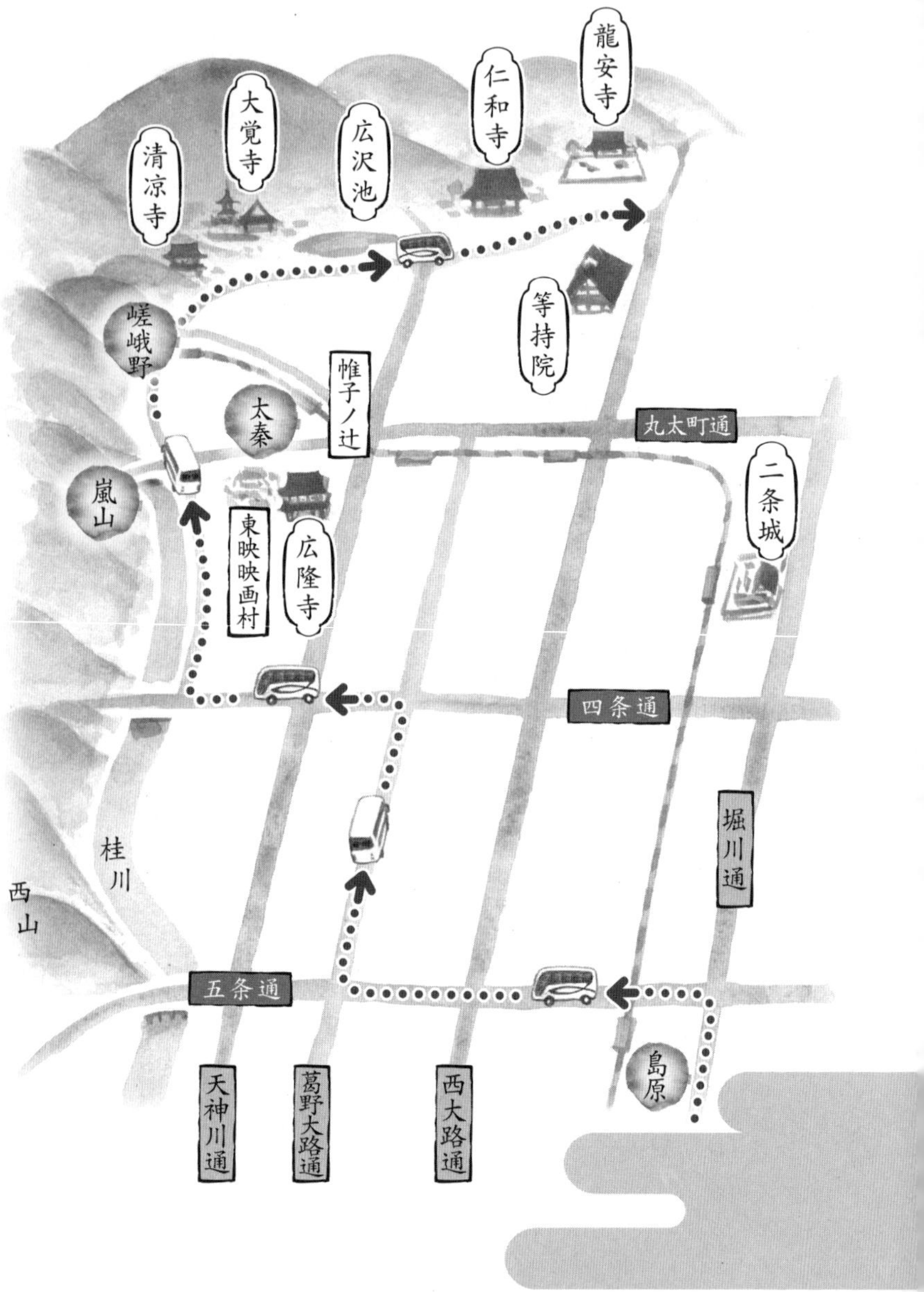
龍安寺
仁和寺
広沢池
大覚寺
清涼寺
等持院
嵯峨野
帷子ノ辻
太秦
丸太町通
嵐山
東映映画村
広隆寺
二条城
四条通
堀川通
桂川
西山
五条通
島原
天神川通
葛野大路通
西大路通

皆さま、おはようございます。遠路はるばるようこそ京都におこしくださいました。

ながい列車の旅、たいへんお疲れさまでございました。

また、本日はわたくしどもヤサカ観光バスをご利用いただきまして、まことにありがとうございます。

皆さまにおたずねいただきました京都は「千年の古都」としてながい歴史とともに、くめどもつきせぬたくさんの名所旧跡が秘められています。これよりその名所の数々を皆さまとたずねてまいります。

本日、ご縁がございましてわたくしが皆さまのお供をさせていただきます。まだまだ未熟者で皆さまにじゅうぶんのご満足をいただけないかもわかりませんが、お心広くおゆるしいただきまして、今日一日よろしくお願いいたします。

それではこれより天下の名勝・嵐山をご見学いただき、嵯峨野、太秦、御室を経て、こちらの京都駅までご案内させていただきます。

島原

さて、ご乗車いただいてさっそくではございますが、このあたりより左奥一帯が、わが国初の公許《こうきょ》の花街《かがい》の跡として知られている島原です。

島原の花街ははじめ柳馬場二条にあったそうですが、たびたび移転して、現在のところへうつったのは江戸時代初期の寛永一八年（一六四一）とつたえられております。ちょうどそのころ、長崎県の島原ではキリシタン一揆が起こっておりましたが、京都の花街が急な移転で大騒ぎする様子が、島原の乱のようだったというので、島原とよばれるようになったそうです。

その当時は東西約一八〇メートル、南北約二四〇メートルの広さがあり、周囲には土塀とお堀がめぐらされ、出入口は花屋町通にただひとつあるだけで、京都随一の花街としてにぎわっておりました。

◆**角屋もてなしの文化美術館**
京都市下京区西新屋敷揚屋町32
☎075・351・0024
春季と秋季に特別拝観あり（10時～16時・月曜休）
入館料・一般1000円、中高生800円、小学生500円

現在、島原の町は六町にわかれ、花屋町通にはもと花街の正門だった大《おお》門《もん》が立ち、格子造の家並みが残っております。また、大門とならんで島原のシンボルとなっていた西門も、昭和五五年（一九八〇）に復元されております。

島原には今でも揚屋《あげや》（今の料亭にあたるお店）の角屋《すみや》、置屋《おきや》（太夫さんや芸妓さんを派遣するお店）の輪違屋《わちがいや》などが残っております。なかでも角屋は島原移転当時の建物で、町家造に書院造や数寄屋造をとりいれ、最古の揚屋建築として重要文化財に指定されています。幕末には勤皇の浪士たちがこの角屋で遊んだといわれ、西郷隆盛や浪士の遺品、そして新選組による刀傷のついた柱なども残っております。

島原の花街には、太夫《たゆう》とよばれる最上位の女性がおりました。この太夫さんは社交女性として、大名や上流武士、富裕な町人などの相手をつとめましたので格式も高く教養も豊かで、専門家についてお茶、お花、お箏、三味線などを習い、先輩に指導を受け、きびしい修業をしてからでないと太夫にはなれなかったそうです。江戸時代の豪商、灰屋紹益《はいやじょうえき》の妻となった

ガイドからひと言

散策で疲れた体をいやすには銭湯がいちばん。今は京都市内の銭湯の数も減少してきていますが、島原には何軒かのこっています。そして、お風呂あがりのほてった顔に心地よいのが京丸うちわの風。京丸うちわは花街で舞妓さん、芸妓さんが夏のごあいさつとして配るうちわです。島原は粋な江戸時代の京の町を堪能できるところです。

有名な吉野太夫は、この島原一の太夫だったのです。

現在の太夫さんは「太夫道中」や、太夫が遊び客に挨拶する「かしの式」という儀式をおこなうなどして人々に知られておりますが、そのすがたは女性服飾美の極致だといわれております。

ちなみに太夫さんの頭の飾りは六キロ、衣裳全部の重さは三〇キロもございます。また、髪の結い方は五〇種類（普段に結うのは一五～六種類）、かんざしは一五本ほどもあり、きものは柄が変わるだけで夏も冬も同じだけ着て、年中素足ですごします。

また太夫道中の歩き方は内八文字《うちはちもんじ》（東京吉原の太夫は外八文字）で、一三〇メートルを一時間もかかって歩くのでございます。

京の山々

車は葛野《かどの》大路《おおじ》通に入ってまいりましたが、このあたりから京の町をとりかこんでいる山々のたたずまいをご覧くださいませ。

正面に横たわっているのが北山、左向うに続くのが西山、ずっと右奥の山々が東山です。京都はむかしから山城の国とよばれてまいりましたように、背後一帯に山々をめぐらし、まことに古都らしいながめを見せております。

京都を訪れたある関東の方が「いちばんうらやましいのは、山々を背景に持つ都会美だ」とおっしゃったそうですが、そういえば山々にかこまれた大都会はこの京都だけのようです。

これはまた、町の古さを証明していることにもなります。この平安京や奈良の平城京、その前の飛鳥の都も、すべて山にかこまれたところを都としております。大阪や東京などのように海沿いに都市ができはじめたのは中世以後のことで、古代は外敵が攻めてくる可能性が強いというところから、海の近くは敬遠されていたのです。それよりも自然の盾になってくれる山々にかこまれた土地が安全であり、内部の統一にも便利だったのです。

ガイドからひと言

京都でいちばん高い山は比叡山でしょうか、愛宕山《あたごやま》でしょうか。じつは皆子山《みなごやま》（９７１メートル）が京都でいちばん高い山です。京都には１０００メートルを超える山はありませんが、手軽に登れて景色をたのしめる山はたくさんございます。京の夏の終わりをつげる「五山の送り火」が灯される大文字山（如意ヶ嶽）もそのひとつです。一時間もあれば山頂に到着し、のっぺりとした京都市街を眼下におさめることができます。

そしてこれらの山々によりまして、方角もまことに明確に知ることができます。皆さまも京都の方角を知るには、三方を山にかこまれて南の方だけ山がないということをご存知でしたら、すぐにおわかりになると思います。少し小高いところから見渡して、山のない方を南とすればよいわけです。このような古典的な京の山々が、山うるわしく水きよいという、山紫水明の京都の表現を生んだものでございましょう。

車は四条葛野大路の交差点にやってまいりました。

ここで左に曲がりますが、右へまいりますと京都のビジネスセンター四条烏丸から、四条河原町の繁華街を通り、舞妓さんでおなじみの祇園へと通じております。

天神川通を横断しますが、ここから北へ上っていった住宅街のなかに、木島坐天照御魂神社《このしまにますあまてるみたまのかみやしろ》という舌をかみそうな名前のお社がございます。

ここは古く奈良朝以前に創建されたといわれ、本殿の西に明神鳥居《みょうじんとりい》を三

⛩木島坐天照御魂神社（蚕の社）
京都市右京区太秦森ヶ東町50
☎075・861・2074
拝観日中随時
境内拝観自由

つ組みあわせた、めずらしい三方正面の三鳥居《みつどりい》が、池の上に立っておりま す。これは、古代人が水を神格化した名残りと考えられておりますが、この湧水の池を元糺《もとただす》の池、池のある森を元糺の森と申しまして、下鴨神社のある糺の森と関連があるといわれ、はるか古代にこのあたり一帯に勢力をもっていた秦氏《はたし》と、上賀茂一帯に勢力をもっていた賀茂氏との深い結びつきを物語っているようです。

また、境内には「蚕の社《かいこのやしろ》」の名で知られている蚕養《こかい》神社が、あわせてお祀りされております。これは養蚕《ようさん》、機織《はたお》りの技術にすぐれていた秦氏一族の勢力地であったところからお祀りされたといわれ、今も織物関係の方のお詣りが多いところです。

皆さま、正面をご覧くださいませ。西山がせまってまいりました。

この西山は南の方では長岡丘陵ともよばれ、そのふもとには平安京のひとつ前の都、長岡京がございました。

延暦三年（七八四）、第五〇代桓武天皇は奈良から長岡へと都をうつされたのです。奈良の都は平城京とよばれ、立派な大仏もつくられましたが、仏教を大切にしすぎたためお坊さんたちが政治に口を出すようになり、天皇の考える政治ができなくなりました。

そこで桓武天皇は人心を一新させるため、自分の母方の勢力地である京都の西山のふもとに都をつくることにしたのです。藤原種継《たねつぐ》を工事の総監督にして、小規模ながら長岡京は着々とできあがっておりましたが、ある日、種継が暗殺されてしまいました。犯人は皇太子の早良《さわら》親王につかえる大伴継人《おおとものつぐと》でしたので、親王も暗殺に加わっていたとみられ、淡路島へ流されてしまい、親王は無実を訴えながら断食して亡くなりました。

それからというもの、長岡京には悪いことが相ついで起こり、占ってもらった結果、早良親王のたたりであるといわれ、このまま放っておけばやがて桓武天皇の皇子にたたるとまでいわれました。

おどろいた桓武天皇は長岡京を捨てる決心をし、方角がよいといわれた東の方へ都をうつし、今度こそ平安な毎日が過ごせるようにと願って、平安京を造営されたのです。

これが延暦一三年（七九四）ですから、長岡京はわずか一〇年間の都でございました。

現在も長岡京跡の発掘調査が進められておりまして、大極殿跡は昭和四〇年（一九六五）にわが国初の史跡公園に指定されました。


右奥の人家のなかに、梅宮大社《うめのみやたいしゃ》がございます。

藤原不比等《ふひと》の妻となった橘三千代《たちばなみちよ》が、山城国綴喜《つづき》郡井手町に橘氏の氏神として祀ったのが起りといわれ、その後、嵯峨天皇の皇后となった橘嘉《か》智子《ちこ》が現在の地にうつしたとつたえられております。

橘嘉智子は檀林《だんりん》皇后とよばれましたが、皇子がなかったためこのお社《やしろ》に祈願し、第五四代仁明《にんみょう》天皇を授かったといわれ、このことから子授《こさずけ》、安産の神として信仰されるようになりました。

本殿の東にあるふたつの丸い石をまたぐと子どもが授かり、社前の白砂を身にあびると安産するといわれております。また、酒造りの神として、酒造家の信仰も集めております。

⛩梅宮大社
京都市右京区梅津フケノ川町30
☎075・861・2730
日中随時（神苑9時～17時）
境内拝観自由（神苑は大人500円、小人300円）

春になりますと神苑のお花がすばらしく、三月は梅、四月末から五月中旬は杜若《かきつばた》、霧島躑躅《きりしまつつじ》、六月中旬までは花菖蒲《はなしょうぶ》がみごとですが、とくに杜若の名所として知られております。

嵐山

車は桂川の堤防にでてまいりました。

左に流れている桂川は、嵐山のあたりではその名も大堰川《おおいがわ》と申しますが、上流は保津《ほづ》川、下流は桂川とよんでおります。

古くは葛野《かどの》川と申しまして、この川でとれる鮎を天皇の食膳に献上しておりましたので、一般の人々はこの川でお魚を捕ることは禁じられていました。

江戸時代になりますと、京都の貿易商人角倉了以《すみのくらりょうい》が、丹波で産出した木材や薪《まき》、炭などを京の都へ運ぶための産業水路として高瀬川を開発し、さらに江戸時代中期以降、京都に染色業が発達しますと、友禅染の仕上げの工程である「洗い」がこの川でもおこなわれるようになりました。しかし、現在では友禅染もすべての工程が近代的な工場のなかでおこなわれておりますので、京都らしさそのものといわれた「染物さらし」の風景も見られなくなりました。

前方をご覧くださいませ。

ぽっかりとお碗を伏せたような、うつくしいお山が見えてまいりました。

小倉山峯《みね》のもみじ葉心あらばいまひとたびのみゆき待たなむ　藤原忠平

と『小倉百人一首』に詠まれて有名な小倉山です。

『小倉百人一首』は、鎌倉時代のはじめ、藤原定家が天智天皇から順徳天皇までの約五七〇年の間に詠まれた高貴な人、歌人などの歌を、一人一首ずつ、一〇〇人分選びだし、京都嵯峨の小倉山の山荘で襖《ふすま》に書き写した

ガイドからひと言

小倉山のふもと、嵐山・嵯峨地区には『小倉百人一首』の歌碑がございます。

二尊院の近く長神の杜地区にはヤサカグループが建立した「みかきもり衛士のたく火の夜は燃え昼は消えつつ物をこそ思へ」（大中臣能宣）の歌碑があります。

嵐山や嵯峨野の歌碑めぐりもおたのしみくださいませ。

のがはじまりといわれ、この山荘のあったところが今も小倉山のふもとに残る厭離庵《えんりあん》だといわれております。

さて、いよいよ車は天下の名勝、嵐山に近づいてまいりました。

左前方の松、楓《かえで》におおわれたうつくしいお山が嵐山、その山ふところにいだかれてしずかに流れておりますのが大堰川です。

大堰川にかかる橋が見えてまいりましたが、嵯峨と名勝嵐山をひとつに結ぶ渡月橋《とげつきょう》です。

渡月橋という名は、ちょうど月が渡るさまに似ているというので、亀山天皇が名付けられたといわれております。

現在の橋は昭和九年（一九三四）に完成したものですが、嵐山の景勝にとけこむように設計されております。

　朝まだき嵐の山の寒ければもみぢの錦《にしき》着ぬ人ぞなき　藤原公任《きんとう》

と『拾遺集』に詠まれておりますように、古くから紅葉の名所としてあま

ガイドからひと言

2013年の大雨で、嵐山の渡月橋周辺が水浸しになりました。秋の紅葉シーズン前でしたが、地元の方々やボランティアの方々の努力で復興することができました。「天下の名勝」には世界中からたくさんの方がいらっしゃいますが、そんなお客さまに紅葉をたのしんでいただこうと必死の思いで努力されていたのです。

りにも有名ですが、春の桜、新緑、夏のたそがれ、冬の雪景色もすばらしく、四季それぞれのおもむきをそえて、おとずれる人々の目をたのしませてくれるのでございます。

おまたせいたしました。嵐山に到着いたしました。

嵯峨と嵐山をひとつに結ぶ渡月橋を渡っておりますが、この渡月橋は中之島によって大橋と小橋にわかれております。

上流をご覧くださいませ。

嵐峡《らんきょう》とよばれる大堰川のしずかな流れ、嵐峡の右には松の緑のうつくしい亀山、その向うにはぽっかりとお碗をふせたような小倉山が浮かんでおりまして、この景勝地一帯を嵐山公園と申します。

正面に見える山の中腹に、嵯峨虚空蔵《こくぞう》の名で知られる法輪寺がございます。

ここは奈良時代、行基菩薩が創建したお寺で、ご本尊の虚空蔵菩薩は、日本三虚空蔵のひとつに数えられております。

法輪寺（虚空蔵法輪寺）
京都市西京区嵐山虚空山町
☎ 075・861・0069
9時～17時
境内拝観自由

この法輪寺は「十三まいり」でも有名なところです。これは数えで一三歳になる京都の子どもたちが、三月一三日から五月一三日の間に、大人の智恵を授かるためにおまいりするもので、着飾った多くの子ども連れでにぎわっております。

この十三まいりがおこなわれるようになったのは、江戸時代のなかごろといわれておりますが、密教の教えに虚空蔵菩薩の真言《しんごん》をとなえて修行にはげむと、飛躍的に記憶が向上するといわれております。そのことから虚空蔵菩薩をご本尊とする法輪寺は、智恵の仏さまとして十三まいりが定着するようになったといわれております。

それではしばらく嵐山のご散策をおたのしみくださいませ。

嵐山周辺

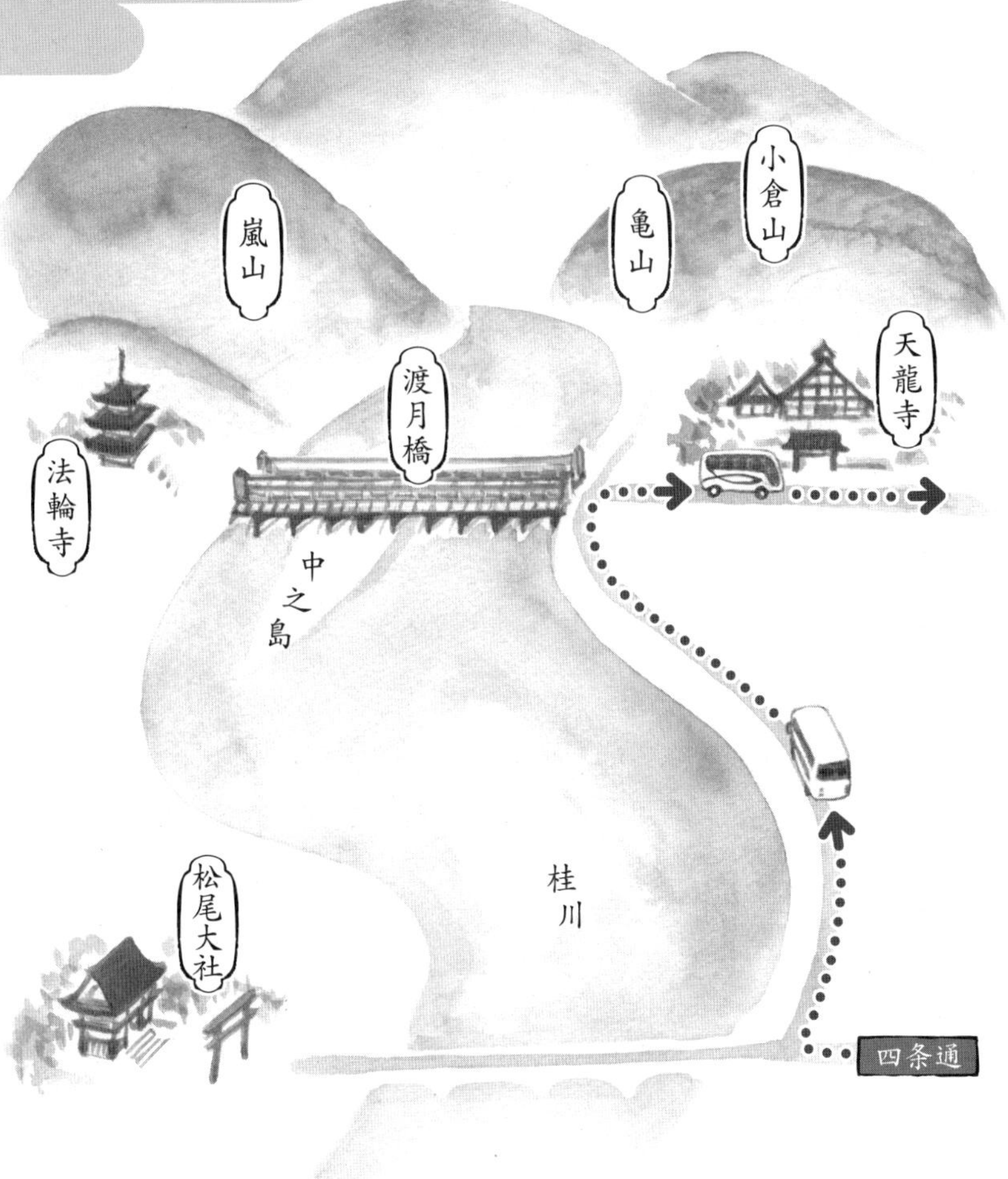

天龍寺

皆さま、おかえりなさいませ。

わずかな時間でしたが、嵐山のよさをご堪能いただけましたでしょうか。

見えてまいりましたお寺は、臨済宗天龍寺派の大本山天龍寺です。

ここはもと後嵯峨《ごさが》上皇の離宮、亀山殿《かめやまどの》のあったところで、その跡に足利《あしかが》尊氏《たかうじ》が後醍醐天皇の冥福を祈るため、夢窓国師《むそうこくし》を開山として建立したお寺です。

尊氏はこのお寺を造営する資金を得るため、中国元《げん》との貿易を再開しましたが、そのとき運航させた船が有名な天龍寺船です。

室町時代には京都五山のひとつとして、一五〇あまりの子院塔頭《しいんたっちゅう》があっ

🏠天龍寺　【世界文化遺産】
京都市右京区嵯峨天龍寺芒ノ馬場町68
☎075・881・1235
8時30分〜17時30分（10月21日〜3月20日は〜17時、法堂の雲龍図は土日祝の9時〜17時）
境内拝観自由（庭園は高校生以上500円、小中学生300円・諸堂参拝は上記料金に100円追加・法堂雲龍図拝観は500円）

たといわれておりますが、室町幕府の滅亡とともにおとろえ、現在の建物は明治時代に再建されたものです。

庭園は夢窓国師の作といわれ、亀山や嵐山も借景とした、うつくしい池泉回遊式庭園になっております。

法堂《はっとう》は江戸中期の禅堂建築ですが、近年、天井画や柱などの傷みが進み、平成一二年（二〇〇〇）に開山、夢窓国師六五〇年遠忌を記念して、新しい天井画の作成と改築がなされました。

天井画「雲龍図」の作者は京都市出身の文化功労者で日本画家の加山又造画伯です。直径九メートルの青い円の内側に、大きくうねりながら飛ぶ龍、外側には雲が描かれております。

それでは嵐山にお別れを告げまして、これよりたくさんの史蹟をひもときつつ、ものさびた嵯峨野を通ってまいりたいと思います。

ガイドからひと言

天龍寺の法堂の雲龍図は動いているように見えます。ぜひ、和尚さんのお話をうかがいながらご覧ください。とてもおもしろくご紹介してくださいます。

毎年、わたくしどももガイドの新人研修の際に、天龍寺で和尚さんのお話をうかがいます。おもしろいお話でひとしきり笑わせていただいた後は、プロの話し手としての心構えをうかがうのです。

和尚さんの言葉に支えられてがんばっている、新人ガイドたちです。

嵯峨野周辺

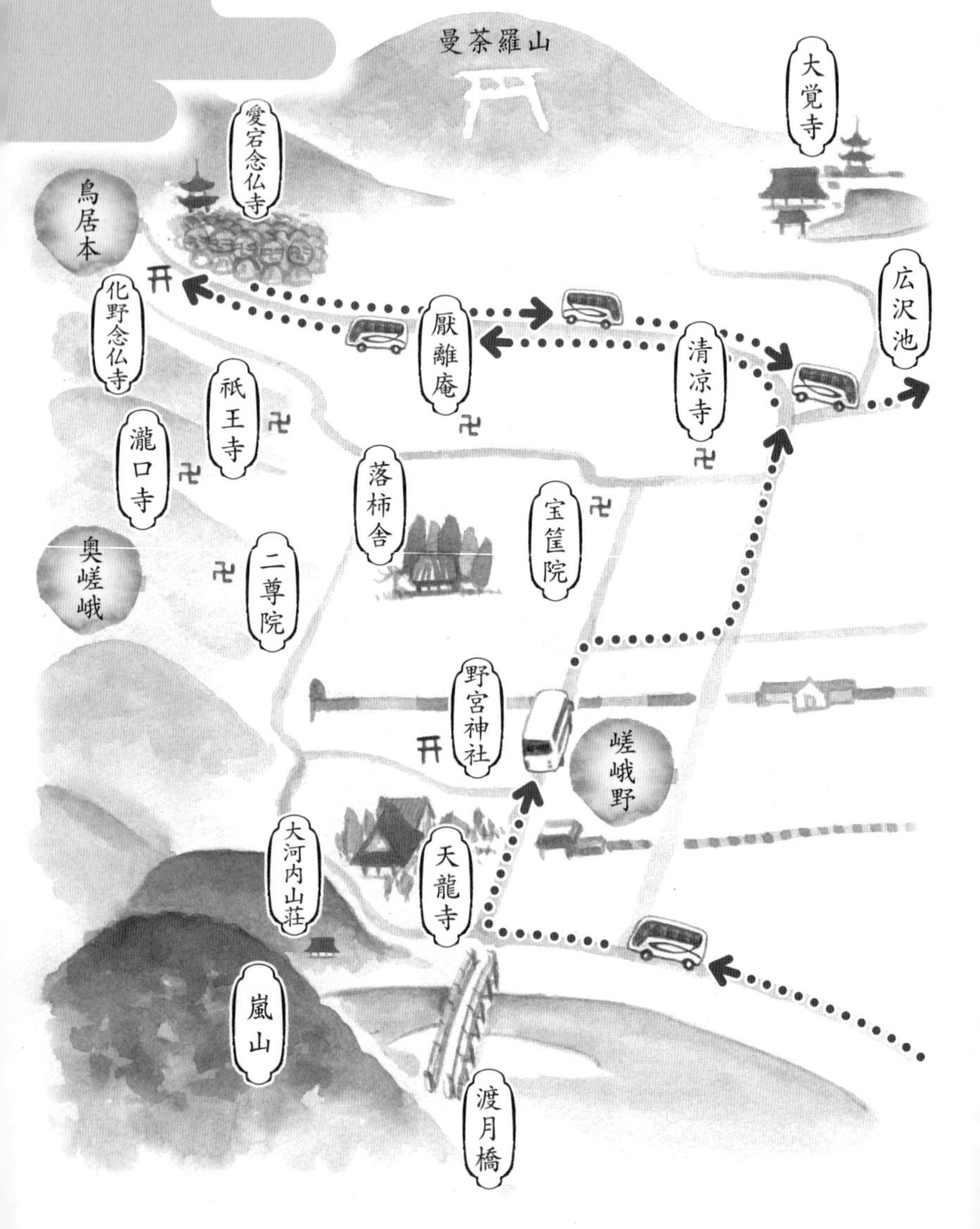

曼荼羅山
大覚寺
愛宕念仏寺
鳥居本
化野念仏寺
広沢池
厭離庵
清涼寺
祇王寺
瀧口寺
落柿舎
宝筺院
奥嵯峨
二尊院
野宮神社
嵯峨野
大河内山荘
天龍寺
嵐山
渡月橋

嵯峨野

嵯峨野は、もとは広い野原であったため、早くから皇室の遊猟地《ゆうりょうち》となり、嵯峨天皇の離宮が営まれる一方、『平家物語』で知られる祇王《ぎおう》や小督《こごう》のように、世を捨てて隠れ住まねばならなかった人々や、去来《きょらい》のような文人墨客のための隠棲地となっておりました。

現在では住宅が増え、嵯峨野のものさびたうつくしさを象徴していた竹林の小径も、その風情を失いつつありますが、それでもひっそりと静まりかえる小さな庵や路傍の石仏、由緒を誇る寺々などが残り、物語や詩歌の跡をしたってくる多くの人々の人気を集めております。

それではこのあたりで、この嵯峨野を舞台に描かれた『平家物語』巻六の小督のお話をご紹介してまいりましょう。

平安末期、高倉天皇は平徳子《とくこ》という中宮がおりながら、小督という女性を深く愛しておりましたので、徳子の父である清盛は非常に怒り、小督を嵯峨野の奥へ追放してしまいました。

しかし、天皇の想いはつのるばかりで、ある日、家来の源仲国《なかくに》に命じてこっそり小督をさがしにいかせました。源仲国が嵯峨野で琴の音をたよりに小督を見つけだす様子は『平家物語』に、

「牡鹿《おじか》鳴くこの山里と詠じけん、嵯峨のあたりの秋のころ、さこそあはれにも覚えけめ。…（中略）…亀山のあたり近く、松の一群《ひとむら》ある方に、かすかに琴ぞ聞こえける、峰の嵐か松風か、尋ねる人の琴の音か、おぼつかなくは思へども、駒を早めて行くほどに、片折戸したる内に、琴ぞ弾きすまされたる。控へてこれを聞きければ、少しもまがふべうもなき、小督の殿の爪音なり。楽は何ぞと聞きければ、夫を想ふて恋ふとよむ想夫恋《そうふれん》といふ楽なり」

と、うつくしい文章で描かれております。

こうして見つけ出された小督は、しばらく清盛の目を盗んで高倉天皇のもとで生活していましたが、やがてわかってしまい、東山の清閑寺紅葉狩りの宴会へよびだされ、多くの人が見ているなか、無理やり尼にさせられてしまったのです。

ときに小督の局は二三歳であったといわれております。

鳥居本

まもなく鳥居本《とりいもと》に到着いたしますが、この鳥居本という地名は、愛宕《あたご》神社の一の鳥居があるところから名付けられたもので、かつての愛宕街道に沿って今も古い町並みが残っております。

かやぶき屋根に千本格子といった農家風の町家が建ちならび、そこかしこに野仏《のぼとけ》がたたずむ様子はまことにおもむき深く、伝統的建造物群保存地

小督が出家してまもなく、高倉天皇は崩御されました。遺言により御陵は清閑寺の近くに営まれました。高倉天皇陵に寄り添うように小督のお墓がございます。

区に指定されています。

さて、清滝トンネルが目前にせまるその手前に、ひっそりとたたずむお寺が愛宕《おたぎ》念仏寺です。

かつては東山区の六波羅蜜寺《ろくはらみつじ》の近くにあって、広く念仏信仰を集めていたといわれておりますが、大正時代にこの鳥居本へうつされました。

平安時代に空海が開き千観内供《せんかんないぐ》という高僧が復興した古刹で、森閑とした境内に重要文化財に指定されている鎌倉時代の本堂が建っております。

本堂の周辺には、信者らがノミを振った一二〇〇体もの羅漢像《らかん》がずらりとならび、じつに壮観です。その粗彫りのひとつひとつの羅漢さまの豊かな表情には心なごむものがあり、石仏の寺として知られております。また千観内供の坐像がありますが、これは六波羅蜜寺の空也《くうや》上人像とともに、肖像彫刻の秀作といわれています。

このあたりの化野《あだしの》というところは、吉田兼好が『徒然草』のなかで、「あだし野の露きゆる時なく、鳥辺野《とりべの》のけぶり立ちさらでのみ」と、書いてお

愛宕念仏寺
京都市右京区嵯峨鳥居本深谷町2・5
☎075・865・1231
8時〜17時
拝観料・300円

化野念仏寺
京都市右京区嵯峨鳥居本化野町17
☎075・861・2221
9時〜16時30分
拝観料・大人500円、中高生400円

りますように、そのむかし、東の鳥辺野、北の蓮台野《れんだいの》とともに死者を風葬《ふうそう》するところでした。そのため、このあたり一帯には無数の無縁仏が放置された状態でした。これを憂いた弘法大師は如来寺を建てて荒れすさんだ光景を一掃し、のちに法然上人がここに念仏道場を開いて、名前を念仏寺と改めたとつたえられています。

　念仏寺の境内には近辺から出土した一万体にもおよぶ石仏、石塔が群れをなし、賽《さい》の河原さながらの無常感をただよわせております。この多くの石仏、石塔は室町時代のものがほとんどですが、しかし石仏の寺というより、供養の寺というイメージが強いようです。

　毎年八月二三、二四日には、ひとつひとつの石仏にろうそくをともす「千燈供養」がおこなわれ、夏の夜に幻想的な風景をつくりだしております。

ガイドからひと言

石畳の愛宕参道は行って帰ってくるだけでも同じようでちがう印象がございます。街道沿いに京格子や虫籠窓《むしこまど》の民家が並ぶ一角に愛宕念仏寺はあります。ここの羅漢さんは、お酒を酌み交わしたり、大きい口をあけて笑っていたりと、じつにさまざまで、一体一体の表情を見ながらゆっくり歩きたい街道です。

奥嵯峨

小倉山のふもと一帯は奥嵯峨と申しまして、竹林と紅葉のうつくしいところですが、そのなかに『平家物語』の哀話を今につたえる祇王寺がございます。

平安朝も終わりのころ、平清盛は祇王という白拍子《しらびょうし》を大切にしておりました。白拍子とは、女性が男装をして、今謡《いまよう》という流行歌を歌いながら踊る職業のことですが、ある日、別の白拍子である仏御前《ほとけごぜん》がぜひ清盛に自分の舞を見てほしいとはるばる加賀の国からやってきました。そのころ清盛の心は祇王ひと筋でしたから仏御前を冷たくあしらいましたが、同じ白拍子である祇王のはからいによって、仏御前は舞を披露することになったのです。

☖祇王寺
京都市右京区嵯峨鳥居本小坂町32
☎075・861・3574

9時～16時30分
拝観料・大人300円　小学生100円

これが悲劇のはじまりで、仏御前をひと目見た清盛の心はかわり、祇王は西八条殿を追いだされることになってしまいました。

このとき祇王は、住みなれた西八条殿の襖《ふすま》に、

萌《も》えいづるも枯るるも同じ野辺《のべ》の草いづれか秋に会はではつべき

といううらみの一首を書きのこし、この地にあった往生院《おうじょういん》に入って尼となってしまったのです。この歌の意味は、「いま清盛公に愛されて有頂天になっているあなたも、すてられてしまった私も、清盛さまからみれば同じ女、そのあたりに生えている同じ草にすぎません。いつかあなたも私の気持ちのわかるときがくるでしょう」というものです。

その後、仏御前は毎日襖に書かれた歌をみて心を痛めておりましたが、ある秋の深まった日、いつか自分にも祇王と同じ日がくると悟り、嵯峨の往生院をたずねてまいりました。それから祇王と妹の祇女、母の刀自《とじ》、仏御前の女性四人で、ただひたすら仏に仕える念仏三昧の毎日を送ったといわれ、それが現在も残る祇王寺です。ひっそりと祇王たちのかなしみがつ

たわってくるようなこのお寺には、四人の女性と清盛の木像があわせて安置されております。

現在の祇王寺は大覚寺の末寺で、明治二八年（一八九五）に祇王のふるさとである滋賀県祇王村の人々によって再興されました。苔の庭に楓《かえで》や竹の間から木もれ日がさし、わらぶきの庵《いおり》は物語にふさわしいおもむきをただよわせ、とくに秋は一面の散り紅葉にうまり、みごとなながめとなります。また、控えの間の大きな円窓は、光の具合で虹のように見えるため、一名虹の窓ともよばれております。

瀧口寺もまた『平家物語』ゆかりのお寺で、祇王寺と同じく往生院の子院、三宝寺の旧跡にあたり、昭和になって再興されました。高山樗牛《ちょぎゅう》の小説『滝口入道』でいっそう有名になったお寺です。

平安末期、平重盛《しげもり》につかえていた武士、斎藤時頼は、建礼門院の侍女であるうつくしい横笛に恋をしましたが、父親は身分の低い女性との恋を許さず、そのさまたげに世の無常を感じた時頼は嵯峨の往生院に入って出家

ガイドからひと言

祇王寺には「一願御守」といって、ひとつだけお願いごとのできるお守りがあります。また、竹林や楓にかこまれた祇王寺をイメージしたお香もあり、白檀の香りを基本として、散り紅葉、竹林の風、奥嵯峨の三種がございます。

し、瀧口入道と名のりました。これを知った横笛は入道をしたって往生院をたずねましたが、瀧口入道は修行のじゃまと会うことをこばみ、のちに真言の霊場高野山に入り、仏道に精進して「高野聖《ひじり》」とよばれるようになったとつたえられております。一方、横笛のその後はいくつもの説があってあきらかではありませんが、瀧口寺の本堂には瀧口入道と横笛のふたりの木像が安置されております。

厭離庵《えんりあん》が建つところには、藤原定家が『小倉百人一首』をえらんだ山荘があったとつたえられています。

鎌倉時代、このあたりは宇都宮蓮生《れんじょう》の中院山荘が営まれていたところで、定家はこの蓮生の依頼によって『小倉百人一首』をえらんだとつたえられております。

かやぶきのお堂や楓の多い手入れのゆきとどいたお庭、それに茶席の時雨亭《しぐれてい》が風雅なたたずまいを見せ、いかにも嵯峨野の尼寺らしいおもむきをのこしております。

瀧口寺
京都市右京区嵯峨亀山町10—4
☎０７５・８７１・３９２９
9時～17時
拝観料・大人３００円、中高生２００円、小人５０円

厭離庵
京都市右京区嵯峨二尊院門前善光寺山町2
☎０７５・８６１・２５０８
9時～16時（11～12月7日のみ一般公開）
拝観料・志納

宝筐院《ほうきょういん》は臨済宗天龍寺派のお寺で、南北朝時代のふたりのライバル武将のお墓があることで有名です。その武将とは、ひとりは北朝の二代将軍足利義詮《よしあきら》、もうひとりは小楠公《しょうなんこう》とよばれた南朝の楠木正行《くすのきまさつら》です。

義詮は四條畷《しじょうなわて》の合戦で亡くなった敵方の正行のいさぎよい死にざまに深く感服し、死後は正行とともに葬るように遺言したといわれております。門前の石碑に小楠公墓所と刻まれているのは楠木正成《まさしげ》の子、正行のことで、宝筐院という名は義詮の法名です。境内には義詮の墓石と、正行の首塚とつたえられる五輪塔がなかよくならんでおります。

二尊院は平安時代、延暦寺の第三代座主《ざす》慈覚大師円仁《えんにん》が開いた天台宗の古刹《こさつ》で、その後法然上人によって再興され、上人の有名な肖像画がのこされております。

立派な総門は伏見城の薬医門《やくいもん》をうつしたものとされ、ここから本堂まで紅葉の馬場とよばれる立派な参道が続き、ここもまた京都有数の紅葉の名所として知られています。

宝筐院
京都市右京区嵯峨釈迦堂門前南中院町9−1
☎075・861・0610
9時〜16時（11月は〜16時30分）
拝観料・大人500円、中学生・小人200円

ガイドからひと言
宝筐院に祀られている楠木正行公は敵将からも慕われました。決着がついた戦いはそれ以上深入りすることはなく、傷ついた兵士の手当てをしてから無事に国許まで帰したからです。こうした正行公のおこないは、日本が国際赤十字に加盟する際に高く評価されたといわれています。

二尊院という名前は、釈迦如来と阿弥陀如来の二体をご本尊としているところから名付けられました。釈迦はこの世で一切衆生の往生をつとめ、阿弥陀は極楽浄土からまねき寄せ、つとめる者とまねく者とで、もれなく生きる者すべてを救済しようという悲願から生まれたものだといわれております。

二尊院には法然上人をはじめ、角倉了以、伊藤仁斎など、名家、文人、学者などのお墓がたくさんございます。

◆二尊院
京都市右京区嵯峨二尊院門前長神町27
☎075・861・0687
9時～16時30分
拝観料・500円

芭蕉十哲の一人に数えられる俳人、向井去来《きょらい》の閑居の跡が落柿舎《らくししゃ》です。主人の在宅を知らせるように、わらぶきの田舎家の門口に蓑《みの》と笠がかけられております。落柿舎という名前は、商人が庭の柿の実の買い入れを決めて代金を置いていったその夜、嵐が吹いて柿の実すべてが落ちてしまったことから名付けられたそうです。

庭のかたすみには、「柿ぬしや木ずゑは近きあらしやま」の句碑が立っております。

◆落柿舎
京都市右京区嵯峨小倉山緋明神町20
☎075・881・1953
9時～17時（1・2月は10時～16時）
拝観料・200円

先生である芭蕉もこの庵《いおり》をたずねて、『嵯峨日記』をのこしました。裏の墓地の小さな自然石には「去来」と彫られただけのお墓がございます。

日蓮宗本山本圀寺《ほんこくじ》の日禎《にってい》上人が方広寺大仏供養の際、日蓮宗不受不施《ふじゅふせ》派の伝統を守って供養の儀式へ出向かず、小倉山に隠棲したのが常寂光寺の起こりとつたえられています。

ちなみに日蓮宗不受布施派とは、法華を信じない者のほどこしを受けず、またほどこさないことを主旨とする日蓮宗の一派のことです。そのため豊臣秀吉や徳川幕府から弾圧を受けましたが、明治になって布教を許されました。境内はきよらかな静寂さにつつまれ、まさに常寂光土、つまり仏の理想の世界に遊ぶようなおもむきがあるというので、常寂光寺の名がつけられました。

かやぶきの仁王門をくぐりますと、秋には紅葉を敷きつめたような急な石段がつづき、そこからさらに山に向かって本堂、妙見堂、多宝塔が建っております。多宝塔は江戸時代の建物ですが、ひわだぶきの均整のとれた

⌂常寂光寺
京都市右京区嵯峨小倉山小倉町3
☎075・861・0435
9時～17時
拝観料・大人400円、小人200円

塔で、ここからの京洛の眺望はすばらしいものです。

かつて伊勢神宮へ奉仕する未婚の内親王や女王のことを斎王《さいおう》と申しましたが、この斎王に選ばれた女性が伊勢への出発に先だって、身をきよめるために三年間こもったところが野宮《ののみや》神社です。

『源氏物語』の「賢木」の巻や、謡曲の「野宮」などによって当時の様子がしのばれますが、野宮は嵯峨野の各所に設けられたため、物語の野宮がいつの時代のものかはわかっておりません。

野宮竹で知られる竹林と木立につつまれて、『源氏物語』にも記されている黒木の鳥居、柴をたばねた小柴垣《こしばがき》、そして伊勢神宮と同じく天照大神《あまてらすおおみかみ》をお祀りする小さなお社《やしろ》が簡素なたたずまいを見せておりまして、良縁祈願で若い女性の人気を集めております。

「丹下左膳《たんげさぜん》」などの時代劇で一世を風靡《ふうび》した往年の大映画スター、大河内傳次郎《おおこうちでんじろう》さんの別荘が大河内山荘庭園として公開され、小倉山の山すその

⛩野宮神社
京都市右京区嵯峨野々宮町1
☎075・871・1972
9時～17時
境内拝観自由

ガイドからひと言
野宮神社から大河内山荘庭園へ続く竹林は嵯峨野を象徴する景色です。
12月には「嵐山花灯路」という催しがあり、この竹林の道もライトアップされます。夜空に浮かぶ竹林はとても幻想的です。

◆大河内山荘庭園
京都市右京区嵯峨小倉山田淵山町8
☎075・872・2233
9時～17時
入園料・大人1000円、中学生・小人500円

起伏を利用した約二万平方メートルの土地に回遊式庭園が広がり、松や桜、楓などがおもむき深く植えこまれ、はるかに比叡山を、眼下に洛西を一望することができます。

大河内傳次郎さんは、当初室町次郎の名で新国劇の舞台に立ちましたが、大正一五年（一九二六）に日活へ入社し、「忠次旅日記」三部作に初出演しました。以来、時代劇スターとして戦前、戦後を通して、独特のせりふ回しで人気を博しました。とくに丹下左膳は当り役で、晩年は名脇役として活躍しました。

右奥に鳥居の形が刻まれたお山が見えますが、毎年八月一六日の夜におこなわれる盂蘭盆会《うらぼんえ》の行事、五山の送り火のひとつ、曼荼羅山《まんだらやま》（水尾山）の鳥居形です。

この鳥居形は、弘法大師がこのあたり一帯の化野に葬られた人々を供養するために火をともしたのがはじまりといわれ、形は愛宕神社の一の鳥居がこの地にあるところから鳥居形になったとつたえられています。年中行

清凉寺（嵯峨釈迦堂）
京都市右京区嵯峨釈迦堂藤ノ木町46
☎075・861・0343
9時〜16時
境内拝観自由（本堂 大人400円、中高生300円、小人200円・本堂・庭園・霊宝館共通券 大人700円、中高生500円、小人300円）

事となったのは、江戸時代からです。

ふつう、送り火は山腹に火床をつくり、薪《まき》を積み重ねて燃やしますが、この鳥居形は山の急斜面に一〇八本の杭を立てて鳥居の形とし、その先に長さ六〇センチほどの松明《たいまつ》をくくりつけて点火します。

大きな笠木《かさぎ》が七二メートル、柱が七六メートルあります。松明を全部で一〇八本とするのは、一〇八の人間の煩悩《ぼんのう》を焼きつくすという意味がございます。

木立のなかにお寺の屋根が見えますが、「嵯峨の釈迦堂《しゃかどう》」の名でしたしまれている清凉寺です。

ここはもともと、嵯峨天皇の皇子で『源氏物語』の主人公、光源氏のモデルではないかといわれている源融《とおる》の山荘、棲霞観《せいかかん》があったところですが、融の死後お寺とされ、宋の国から持ち帰った三国伝来の釈迦像を安置したのが起こりでございます。この釈迦三七歳のすがたをそのまま写した釈迦像は清凉寺式とよばれ、国宝に指定されております。

ガイドからひと言

清凉寺のご本尊、国宝の釈迦如来立像がご開帳されるときはちょっとした演出があり、より印象的にお参りできます。像の内部には布製の内臓が納められており、それもあわせて国宝に指定されているのです。千年以上も前にこのような解剖学の知識があったことに驚かされます。

また清凉寺にお参りされたときにはぜひ門前のお豆腐屋さんにお立ち寄りくださいませ。お豆腐もおいしいのですが、ひろうすもおすすめです。さっと湯がいて生姜醤油で召し上がってみてください。

大覚寺

続いて左にお寺の参道が見えてまいりましたが、こちらを入ってまいりますと真言宗大覚寺派の大本山大覚寺がございます。

ここは嵯峨天皇の離宮、嵯峨院があったところをお寺としたもので、代々法親王がお入りになり、大覚寺門跡とよばれております。

鎌倉時代になりますと、亀山天皇や後宇多天皇がここで院政をおこなったため、嵯峨御所とよばれるようになりました。その後、後嵯峨天皇が後深草天皇に皇位をゆずりながら、もうひとりの皇子、亀山天皇を即位させてしまい、約五〇年もの間、交代で天皇の位についておりました。しかし、後醍醐天皇の建武中興《けんむのちゅうこう》でこの原則がくずれてしまい、足利尊氏が持明院《じみょういん》統に味方したことから、天皇を頂点とする大覚寺統（亀山天皇）と、将軍

⌂大覚寺門跡
京都市右京区嵯峨大沢町4
☎075・871・0071
9時～17時
拝観料・大人500円、小人300円

と幕府からなる持明院統（後深草天皇）にわかれた南北朝の争いに発展してしまいました。

ところが、今から六二〇年あまり前の元中九年（一三九二）、南朝最後の後亀山天皇はこの大覚寺へうつられ、ここで北朝の後小松天皇に三種の神器を渡して、天皇の御位をおゆずりになりました。つまりこの大覚寺は南北朝講和会議がおこなわれた由緒あるお寺なのでございます。

またここは華道の嵯峨御流《さがごりゅう》のお家元としても知られておりますが、これは嵯峨天皇が大沢池《おおさわのいけ》にある「菊ヶ島」の菊を可憐に思われ、それをみずから手折ってお生《い》けになったのがはじまりとつたえられております。

さて、左奥の方に桜や楓、松の植えられた堤が見えますが、あちらに大沢池がございます。嵯峨天皇が嵯峨離宮造営のとき、お庭の池として中国の洞庭湖《どうていこ》を模してつくった人工池で、「庭湖」ともよばれ、平安前期の庭園の貴重な遺構でございます。

お月見の名所として知られ、今も九月の仲秋名月の夜には、龍頭船《りゅうとうせん》と鷁《げき》

ガイドからひと言

中秋の名月が近づくと、京都でも月見だんごが売られます。京都の月見だんごは細長いお餅のなかほどに餡がのっているというものです。地方からお見えになるお客さまには珍しがられ、この時期ならではのおみやげとして買って帰られます。

首船《すせん》という一対の船を浮かべ、平安絵巻そのままに「観月の夕べ」の優雅な舟遊びが催されております。

池の北には、

瀧の音は絶えて久しくなりぬれど名こそ流れてなほ聞えけれ　藤原公任《きんとう》

と詠まれ、『小倉百人一首』で知られる名古曾《なこそ》の瀧の跡がございます。

さて、間もなく左手に、

名月や池をめぐりて夜もすがら　松尾芭蕉

古の人は汀《みぎわ》に影たえて月のみすめる広沢の池　源頼政

と、古くから多くの歌に詠まれ、詩につづられてきた月の名所、広沢池《ひろさわのいけ》が見えてまいります。

平安時代につくられた周囲約一キロの人工池ですが、対岸には嵯峨野富士ともよばれる遍照寺山がのどかなすがたを見せ、水の辺の蘆《あし》が風にそよぐありさまにも、詩情ゆたかないにしえがしのばれるところです。広沢池は桜の季節も捨てがたいおもむきがあり、花びらがはらはらと水面に散る風景は、ひとしおの風情がございます。

右手の小高い丘の上には大きな石が置かれているのですが、それが「君が代」にうたわれたさざれ石です。近くには、そのむかし、嵯峨離宮への道だったとつたえられる千代の古道《ふるみち》という小径もございます。

さびしさは秋の嵯峨野の野辺の露月にあととふ千代の古道　後鳥羽院

さざれ石に苔のむすまで座《いま》せしと君をぞ祝ふ今も昔も　慈鎮

太秦

通っておりますこのあたり一帯は太秦と申しまして、はるか古代に渡来してきた秦氏《はたし》一族の勢力地として栄えたところです。

秦氏は、中国の秦《しん》の始皇帝の子孫という説もありますが、朝鮮新羅《しらぎ》の出身といわれております。養蚕《ようさん》、機織《はたおり》、農耕、酒造、治水、交易などにすぐれ、豊かな経済力を背景に、平安京の開発に大いに力をつくしました。

太秦という地名も、今から一五〇〇年あまり前、秦酒公《はたのさけのきみ》が雄略天皇に絹の布や糸を献上し、それがさながら山のように、うず高く積み重ねてあったところから禹都万佐《うずまさ》の名をいただいたといわれ、のちに秦氏の秦と、その力をしめす太いという字を使って太秦とよばれるようになったとつたえられております。


正面にお寺の山門が見えてまいりましたが、京都の人々に「太秦のお太《たい》子《し》さん」とよばれてしたしまれている広隆寺です。

広隆寺は今から一四〇〇年ほど前の推古天皇一一年（六〇三）、この地の勢力者であった秦河勝《はたのかわかつ》が聖徳太子の亡くなったことをかなしみ、太子よりいただいていた仏像を安置し、秦氏一族の氏寺として建立したのが起こり

⛩広隆寺
京都市右京区太秦蜂岡町32
☎075・861・1461
9時〜17時（12〜2月末は、〜16時30分）
境内拝観自由（霊宝殿は大人700円、高校生500円、中学生・小人400円）

です。

建物はその後たびたびの火災にあいましたので、平安末期に再建された講堂以外は、ほとんどが江戸時代の再建ですが、文化財の宝庫ともいうべき京都にあって、有数の古い仏像を持つお寺としてまことに有名です。

今も霊宝殿には飛鳥時代から鎌倉時代までの仏像、仏画、古文書などが数多く保存され、なかでもよく知られておりますのが、国宝第一号に指定されている弥勒菩薩像《みろくぼさつぞう》です。

片方の足をまげて一方のひざの上にあげ、右手の指をかるくほほにふれた半跏思惟像《はんかしいぞう》で、思索にふける菩薩の気高いすがたをよくあらわしております。口もとにただようしずかなほほえみは飛鳥彫刻の特徴で、アルカイックスマイルとよばれ、モナリザのほほえみよりもやさしいといわれております。全体から受ける清純なうつくしさはいいようもないほどです。

朝鮮新羅から渡ってきた仏像という説が有力ですが、はっきりとはわかっておらず、広隆寺創建当時のご本尊とつたえられております。

ガイドからひと言

1月2日、広隆寺では「釿始め」がおこなわれます。「ちょうなはじめ」と読み、大工さんが仕事始めにおこなう儀式です。聖徳太子は工匠の祖としても信仰されていますので、広隆寺で一年の工事の無事を祈っておごそかにおこなわれます。

さて、右手奥一帯が東映京都撮影所です。

通っておりますこの太秦は、かつて「日本のハリウッド」といわれました。と申しますのは、大正一五年（一九二六）に太秦の荒地を切りひらいて、まず阪妻プロダクションが建設されました。これがきっかけとなり、千恵蔵プロ、日活、松竹、東映、大映など、多くの映画撮影所がつくられたのです。

しかし、その後の映画界の不振によってその多くが閉鎖されてしまい、今は東映だけとなってしまいました。この不振の映画界を何とかしようと考えつくられたのが東映太秦映画村で、たいへんな人気を集め、今では太秦といえば映画村のある町として有名です。

東映太秦映画村は、日本の映画界をリードしてきた東映京都撮影所の大部分を一般に公開して、映画作りのたのしさを広く知ってもらうためにつくられたところで、昭和五〇年（一九七五）にオープンしました。三万六千平方メートルにおよぶ広大な敷地に、時代劇のセットはもちろん、大がかりなカラクリなどがふんだんに盛りこまれ、息もつかせぬおもしろ

◆東映太秦映画村
京都市右京区太秦東蜂岡町10
☎０７５・８６４・７７１８
9時～17時（時期により開村、閉村時間は異なる）
入村料・大人２２００円、中高生１３００円、子供１１００円

さがございます。「水戸黄門」や「遠山の金さん」など、おなじみのテレビ映画の撮影もすべてここでおこなわれておりました。実際の撮影風景にであうこともあり、本物の撮影所ならではのたのしみもございます。

さて皆さま、この京都は日本の映画史の最初から、非常に深い関係をもっております。日本に映画が入ってまいりましたのは明治二九年（一八九六）のことで、三〇年にはフランスから映写機を買い入れ、京都四条河原ではじめて試写がおこなわれました。当時の人々は写真が動くというのでとてもめずらしがり、明治四三年（一九一〇）には通称「目玉の松ちゃん」とよばれた尾上松之助の「小栗判官《おぐりはんがん》」という活動写真が、はじめてこの京都で製作されたのです。風光がうつくしく、古いたたずまいをよく残している京都の町は、時代劇の撮影にはなくてはならない存在ですが、とくにこのあたり一帯はその本場といえるところでございます。

右手の駅は、嵐電嵐山線の「帷子《かたびら》ノ辻《つじ》」駅です。

非常に変わった地名ですが、つたえによりますと、嵯峨天皇の皇后橘

ガイドからひと言

映画村では不定期ですが、あらゆるところでチャンバラがはじまります。見学の人も参加でき、チャンバラ指南もしてもらえます。古社寺が多い京都には時代劇の撮影にぴったりの場所がたくさんございます。東映の撮影所のほかにも仁和寺などの寺社でもよく撮影がおこなわれています。

嘉智子《かちこ》（檀林《だんりん》皇后）を嵯峨野に葬ったとき、このあたりで棺《ひつぎ》をおおっていた帷子が風で飛んでしまったことから、帷子ノ辻という地名が起こったといわれております。

左に小高いお山が見えておりますが、双ヶ岡《ならびがおか》で、北から南へ、一ノ岡、二ノ岡、三ノ岡と、だんだん低くなりながら連なっております。

鎌倉末期、兼好法師があの二ノ岡のふもとに庵《いおり》を結び、「つれづれなるままに　日ぐらし　硯《すずり》に向かひて、心にうつりゆくよしなし事を、そこはかとなく書きつくれば、あやしうこそものぐるほしけれ」とはじまる随筆『徒然草』の原稿を書いたところとして知られております。

吉田兼好はこの双ヶ岡に墓所を設けて、そのかたわらに桜を植え、

　契り置く花とならびの岡の辺に哀れ幾世の春を過ぐさむ

と詠んでおりますが、自分の遺骨はこの岡に埋めるつもりであったといわれております。現在、東麓の長泉寺に、そのお墓と歌碑がございます。

ガイドからひと言

双ヶ丘で『徒然草』の前文をご紹介するときや、六波羅で『平家物語』の前文「祇園精舎の鐘の声」をご紹介するときに、お客さまがご唱和くださることがございます。学校で勉強した古典文学ゆかりの場所をご案内できるのも誇らしいことです。

仁和寺

間もなく左手に白壁のつづく大きなお寺が見えてまいりますが、真言宗御室《おむろ》派の総本山仁和寺《にんなじ》です。

君がため春の野に出でて若菜つむわが衣手《ころもで》に雪は降りつつ

という『百人一首』の歌で知られる光孝天皇の願いによって、第五九代宇多天皇が造営されたお寺で、完成したのが今から一一二〇年あまり前の仁和四年（八八八）であったところから、仁和寺と名付けられました。

宇多天皇はその後、このお寺に入って出家され、その御座所のことをていねいに御室とよんだところから、御室御所の名で知られるようになりました。以後、明治まで、代々法親王《ほっしんのう》が住職となられ、門跡寺院の首位の座

⌂仁和寺　【世界文化遺産】
京都市右京区御室大内33
☎075・461・1155
9時～17時（12～2月は～16時30分）
境内拝観自由（御殿 大人500円、小中学生300円・桜祭 大人500円、小中学生200円・霊宝館 大人500円、中高生300円）

にありましたが、建物の多くは応仁の乱で焼失してしまい、現在の建物は徳川三代将軍家光によって再建されたものです。

広い境内には桜の木が多く、「わたしゃお多福御室の桜、花は低《ひく》ても人が好《す》く」と、うたわれておりますように、花は非常に背の低い八重桜でございます。そのためお多福桜のニックネームでしたしまれ、京都でももっとも遅咲きの桜として知られており、御室の桜は、ゆく春を惜しむ洛中、洛外の人々に広くしたしまれてまいりました。

種類は里桜を中心に、車返し、有明《ありあけ》、殿桜《とのざくら》、乙女桜、大内山桜などがあり、数は約二〇〇本ほどです。高さは二～四メートルほどしかなく、根元から枝がはって花が咲き、ほかの桜では見られない特徴を持っております。「お多福桜」というニックネームは、地上すれすれから花が咲くのを、人間の鼻が低いのとかけたものでしょう。

しかし、この背丈が低いのは、むかしから「高貴な方に見上げさせては失礼にあたるから」とか、「ほかの桜とちがっている点が多いので小さくなっている」などの珍説がありますが、実際は土地がやせすぎ、表面の土

ガイドからひと言

「御室桜」が見ごろになると、仁和寺の駐車場はすぐに満車になってしまい、すこし離れたところに駐車して、そこから歩いていただかなければなりません。それでも御室桜をご覧になったお客さまは満足されてお帰りになってくださいます。

また、桜や紅葉の時期の混雑時には路上で乗降していただかなくてはなりません。

が少ないため根ののびが悪く、盆栽的になってしまったのだそうです。つまり、栄養不足なのです。現在のものは江戸時代のはじめに植えられたもので、以来仁和寺では毎年宮中へ花を献上していたのです。

花の季節になりますと、境内はたくさんのお店が出ますが、これも二〇〇年あまり前、土地がやせて生活に苦しむ門前の住民をあわれみ、時の小松宮彰仁親王が境内の出店を許可したことにはじまるといわれ、その習慣が今も続いているのだそうです。花が散るとまた苦しい生活にもどるというので、地元では「泣き桜」ともよんでいたそうです。

いずれにしましても「お多福桜」とか、春に別れを告げる「別れ桜」など、いろいろな愛称で市民にしたしまれているのが御室の桜でございます。

仁和寺の駐車場の奥に石仏がならんでいるのが見えますが、そちらが五《ご》智山蓮華寺《ちさんれんげじ》です。

平安時代初期に創建され、もとは広沢池近くにあって、仁和寺の奥の院として信仰されていたといわれておりますが、火災などによってたびたび

そこで添乗員さんやドライバーと連絡をとりあって、絶妙のタイミングで迎えにきてもらいます。もちろんお客さまのご協力も欠かせません。無事にバスにご乗車いただけたときは、連帯感が高まった気がいたします。

⛩五智山蓮華寺
京都市右京区御室大内20
☎075・462・5300
拝観日中随時
境内拝観自由

うつされ、昭和三年（一九二八）に現在の地に再建されました。

石仏群は江戸時代の木喰《もくじき》上人の作で、五智如来坐像とその背後に観音坐像以下一一体がならび、伏見の石峰寺《せきほうじ》や奥嵯峨の愛宕《おたぎ》念仏寺とともに、石仏めぐりの寺として知られています。

また、毎年土用の丑《うし》の日におこなわれる「きゅうり封じ」でも知られているお寺です。これは護摩木《ごまぎ》のかわりのきゅうりに、願い事を書いて奉納し、それを祈祷してもらって厄除けをするというもので、弘法大師がはじめたという密教の秘法のひとつです。

龍安寺

続いて左手に、龍安寺《りょうあんじ》の参道が見えてまいります。

この龍安寺はもとは徳大寺家の別荘でしたが、今から五六〇ほど前の宝

ガイドからひと言

蓮華寺には仁和寺の「御室桜」とおなじ種類の桜が植えられていて、隠れた桜の名所です。桜にかこまれた石仏を写真におさめることができます。

また、蓮華寺東側に片岡知恵蔵さんのお墓があります。

嵯峨野に片岡知恵蔵プロダクションを設立し、坂東妻三郎さんとならぶ時代劇の大スターとして京都でも大活躍されました。なお、坂妻さんのお墓は二尊院にございます。

徳二年（一四五〇）、細川勝元がゆずり受けてお寺としたもので、方丈の庭園は有名な枯山水の石庭として知られております。

油土《あぶらつち》の塀にかこまれた長方形の庭一面に白砂を敷き、その上に七、五、三と合計一五個の石を置き、わずかに石組のまわりに苔を敷いただけのまことにシンプルな庭園で、禅の境地を表現しているといわれております。

そして、この一五個の石は、どこから見ても一個は隠れて見えないように置かれております。これは虎が子どもを連れて川を渡るとき、かならずその子どもを隠すことから、隠れた石を虎の子に見たてたとも、また虎が大河を渡る雄々《おお》しいすがたを表現したともいわれ、いつしかこの庭園を「虎の子渡し」とよぶようになったのでございます。

また、方丈の東の庭に、黄門さまこと水戸光圀公が寄進したという知足のつくばいがございます。

このつくばいには、「吾唯知足《われただたるをしる》」という四文字が書かれているだけですが、その意味は、「知足のものは貧しいといえども富めり、不知足のものは富めりといえども貧し」という禅の精神をしめしたものだそうです。

龍安寺　【世界文化遺産】
京都市右京区龍安寺御陵ノ下町13
☎075・463・2216
8時〜17時（12〜2月は8時30分〜16時30分）
拝観料・大人500円、小中学生300円

ガイドからひと言
龍安寺の石庭は、昭和50年（1975）にエリザベス女王もお出ましになり、絶賛されたお庭で、「ROCK GARDEN」として世界的に有名になりました。しかし、むかしは石庭よりも鏡容池のほうが有名だったそうです。春は池のほとりの桜もうつくしく、5月から7月の睡蓮が咲くころもおすすめです。

等持院

龍安寺の南の方には、足利氏の菩提寺として有名な等持院がございます。今から六五〇年あまり前、臨済宗を深く信仰していた足利尊氏は、中京に等持寺を創建し、こちらに別院の北等持寺を創建しました。尊氏が亡くなりますと、北等持寺は尊氏の墓所となり、名前も等持院と改められたのです。そして、応仁の乱の後、中京にあった等持寺もこちらに合併されたといわれています。

現在の建物は江戸時代の再建ですが、霊光殿には尊氏から義昭《よしあき》まで一五代の足利将軍の木像が安置されております。庭園は夢窓国師作の池泉回遊式庭園で、芙蓉池《ふようのいけ》をめぐって東西にわかれ、衣笠山を借景とした優美なお庭です。

🏠等持院
京都市北区等持院北町63
☎075・461・5786
9時～17時（12月30日～1月3日は～15時）
拝観料・大人500円、小中学生300円

なお、作家の水上勉が少年時代ここに預けられて修行を積み、その当時のことを『雁の寺』に記していることはよく知られております。

さて、左向こうの笠のようなすがたのお山が衣笠山です。

第五九代宇多天皇が、真夏に雪見がしたいといわれ、こまった人びとは御所からよく見えるこの山に白い衣をかけて雪に見立て、天皇のわがままをかなえてあげたそうです。それ以来、衣《きぬ》かけ山とよんでいましたが、形が笠に似ているところから衣笠山となりました。

ガイドからひと言

等持院の境内に、日本映画の父といわれるマキノ省三氏の銅像がございます。

京都の映画界のために力を尽くし、大正から昭和にかけて等持院の境内に撮影所を建てて活動した方です。境内にマキノ氏のお墓もございます。

皆さま、ながい車中、たいへんお疲れさまでございました。

ご予定のコースも滞りなくおわりまして、お別れのお時間となってまいりました。

本日はお天気にもめぐまれ、嵐山の春のひとときをおすごしいただきましたが、いかがでございましたでしょう。

心に残る思い出をお作りいただけましたでしょうか。

わたくしの未熟さもあり、なにかと不行き届きな点が多かったことと思いますが、どうかお心広くおゆるしいただきまして、今後とも機会がございましたら、わたくしどもヤサカ観光バスをご利用いただきますよう、お願いいたします。

お話しておりますとお名残りがつきませんが、皆さまがたのご健康とご多幸を、そしてご自宅までたのしい旅が続けられますことをお祈り申し上げて、お別れのご挨拶とさせていただきます。

本日はご乗車ありがとうございました。

シートベルトを

松虫…… 99

《み》
水上勉…… 253
水戸光圀…… 251
源為義…… 48
源融…… 136・237
源仲国…… 224
源義経…… 19・144・145・146
源義朝…… 48
源頼朝…… 19
源頼政…… 240
源頼光…… 29
宮小路康文…… 108
三善清行…… 29
三善浄蔵…… 29

《む》
向井去来…… 223・233・234
武蔵坊弁慶…… 144・145・146・153
夢窓国師…… 43・220・221・252
村上天皇…… 37
紫式部…… 52・53・176

《め》
明治天皇…… 59・133

《も》
木喰上人…… 250
森鷗外…… 182

《や》
八橋検校…… 101・192
山科言継…… 174
山中伸弥…… 88
山名宗全…… 30
山内容堂…… 22

《ゆ》
雄略天皇…… 242
湯川秀樹…… 88

《よ》
横笛…… 230・231
吉井勇…… 121
吉田兼好…… 226・246
吉野太夫…… 208
淀君…… 131・134

《ら》
頼山陽…… 20・188
《り》
良源…… 176

《れ》
霊元天皇…… 112
蓮如…… 13・118

《わ》
和気清麻呂…… 62・63
和気広虫…… 62
和佐大八郎…… 130
渡辺綱…… 29

俵屋宗達…………………………… 132
檀林皇后…………………… 213・246

《て》
天智天皇…………………………… 215

《と》
道鏡……………………………… 63
藤堂高虎…………………………… 189
東福門院………………………… 60
徳川宗茂………………………… 31
徳川家光……………… 22・113・147
155・187・198・248
徳川家康…………… 15・21・22・24
59・132・134・161・189
徳川秀忠………… 22・60・110・131
徳川慶喜………………………… 22
徳大寺実定……………………… 86
利根川進………………………… 88
朝永振一郎……………………… 88
豊臣秀吉…………… 13・16・19・20
22・31・35・36・38・39・59・63
67・82・89・127・129・131・132
133・134・135・146・155・156
161・176・181・183・234
豊臣秀頼… 22・55・133・134・182
鳥居元忠…………………………… 132

《な》
中岡慎太郎………………… 162・165
那須与一…………………………… 195

《に》
新島襄…… 56・100・176・177・196
西田幾多郎……………………… 90
日禎………………………………… 234
仁明天皇…………………………… 213

《の》
野依良治………………………… 88

《は》
灰屋紹益…………………………… 207
橋本関雪………………………… 90
秦河勝……………………………… 242
服部嵐雪………………………… 82

《ひ》
左甚五郎…………………… 116・133
日野富子………………………… 91

《ふ》
福井謙一………………………… 88
藤原明子…………………………… 175
藤原公任…………………… 216・240
藤原忠平…………………………… 215
藤原種継…………………………… 212
藤原為時………………………… 52
藤原定家……………… 57・215・231
藤原時平………………………… 37
藤原不比等………………………… 213
藤原道長………………………… 53・172
藤原山蔭………………………… 89
藤原頼通…………………………… 172
ブルーノ・タウト………………… 64

《ほ》
法然………… 87・98・99・101・112
113・156・174・227・232・233
細川勝元………………………… 30・251
仏御前……………………… 228・229

《ま》
増田長盛…………………………… 183
益川敏英………………………… 88
松尾芭蕉…………… 163・234・240
松平定信………………………… 59

後陽成天皇…… 31
近藤勇…… 180

《さ》
西園寺公経…… 42
西園寺公望…… 86
西行…… 163
西郷隆盛…… 152・207
斎藤時頼…… 230・231
嵯峨天皇…… 52・197・213・223
237・238・239・245
坂上田村麻呂…… 147・151・155
坂本龍馬…… 162・165
佐久間象山…… 178
早良親王…… 212
三条小鍛冶宗近…… 187
三条実萬…… 174・175
三条実美…… 174・175
三文字屋九右衛門…… 187

《し》
慈円…… 80
四条天皇…… 195
静御前…… 19
慈鎮…… 241
下村正太郎…… 64
住蓮坊…… 98・99
珠光…… 19
俊寛…… 98
順徳天皇…… 215
上東門院…… 53
聖徳太子…… 66・67・242・244
聖武天皇…… 63・154
白河天皇…… 81・82・191・192
信海…… 152
真紹…… 190
親鸞…… 13・15・65・69
101・109・118・126・164

《す》
崇源院…… 131
崇伝…… 189
菅原道真…… 36・37・38
鈴虫…… 99
崇徳上皇…… 48
角倉了以…… 27・182・214・233

《せ》
清少納言…… 53・84
清和天皇…… 174・175
善阿弥…… 96
千観…… 226
千宗旦…… 55
千利休…… 51・55

《そ》
相阿弥…… 110
素性…… 34
存如…… 118

《た》
醍醐天皇…… 29・37
大聖国師…… 51
大燈国師…… 51
大明国師…… 189
平敦盛…… 101
平清盛…… 98・125・129・164
224・225・228・229・230
平重盛…… 230
平徳子…… 224
高倉天皇…… 34・224・225
高山樗牛…… 230
高山彦九郎…… 183・184
澤庵…… 52
田辺朔郎…… 104
谷崎潤一郎…… 98
玉松操…… 174
湛慶…… 130

宇都宮蓮生…… 231
運慶…… 130

《え》
永観…… 190
延鎮…… 147・151
円仁…… 232

《お》
大石内蔵助…… 40
大倉喜八郎…… 163
大河内傳次郎…… 235・236
大伴継人…… 212
小川治兵衛…… 86・107
阿国…… 184・185
織田信長… 19・20・48・51・59・181
尾上松之助…… 245
小野妹子…… 67
小野篁…… 52

《か》
月輪大師…… 195
加藤清正…… 39
金森宗和…… 46
狩野尚信…… 114
狩野信政…… 114
亀山天皇…… 189・216・238
加山又造…… 221
桓武天皇…… 63・102・106
154・197・211・212

《き》
祇王…… 223・228・229・230
北垣国道…… 104
北政所…… 161
木戸孝允…… 162・178
行円…… 177
行基…… 217
行玄…… 109
清原元輔…… 48
欽明天皇…… 84

《く》
空円…… 87
空也…… 226
久坂玄瑞…… 127
九條道家…… 196
楠木正成…… 232
楠木正行…… 232
熊谷次郎直実…… 101

《け》
月照…… 152
源智…… 113
建礼門院…… 98・164・230

《こ》
孝謙天皇…… 63・154
光孝天皇…… 48・247
後宇多天皇…… 238
弘法大師（空海）…… 108・195
197・198・226・227・236・250
光明皇后…… 154
孝明天皇…… 102・106・107・195
小督…… 223・224・225
後小松天皇…… 34・59・239
後嵯峨天皇…… 220・239
後白河天皇…… 48・100・129・174
191・192・194
後醍醐天皇…… 87・220・238
後鳥羽上皇…… 99・241
小林誠…… 88
後深草天皇…… 238・239
後堀川天皇…… 195
小松宮彰仁親王…… 249
小堀遠州…… 26・60・161・190
五味金右衛門…… 110・112
後水尾天皇… 22・27・60・99・195

八坂の塔……………………………… 124
安井金比羅宮………………………… 124
やすらい祭………………………… 49

【ゆ】
湯たく山茶くれん寺……………… 36

【よ】
養源院……………………… 131・132
吉田神社……………………… 88・89

【ら】
落柿舎……………………………… 233

【り】
龍安寺……………… 250・251・252
霊山観音…………………… 161・162

【れ】
霊鑑寺…………………………… 99
冷泉家…………………………… 58

【ろ】
六波羅蜜寺………………… 125・226
廬山寺……………………… 175・176
六角堂………………………… 66・67

【わ】
輪違屋……………………………… 207
わら天神………………………… 41

索引【人名】

《あ》
赤﨑勇……………………………… 88
明智光秀……………… 19・20・181
浅井長政……………………………… 131
足利尊氏…………… 220・238・252
足利義昭……………………………… 252
足利義詮……………………………… 232
足利義教……………………………… 125
足利義政……… 19・46・91・92・95
足利義満…………… 42・43・45・46
55・56・91・194
姉小路公知…………………………… 174
天野屋利兵衛……………………… 40
粟田口吉光…………………………… 187
安徳天皇…………………… 98・164
安楽坊……………………… 98・99

《い》
石川五右衛門… 132・135・136・189
石田光成…………………… 51・132
和泉式部…………………………… 53
一条天皇…………………………… 52
一休……………………………… 51
伊藤仁斎…………………………… 233
伊藤忠太…………………………… 163
伊藤博文…………………………… 62

《う》
宇多天皇…………………… 247・253

【と】
東映太秦映画村…………………… 244
東寺………………… 12・171・197・198
等持院……………………… 252・253
同志社…… 56・57・100・176・177
東福寺……………………… 171・196
豊國神社…………… 133・134・135
豊國廟……………………………… 129
鳥居形…………… 42・93・236・237

【な】
梨木神社……………………… 174・175
南禅寺………………… 90・133・171
188・189・190

【に】
西本願寺……… 11・12・13・15・16
17・18・31・73・126・129
二条城………………… 11・21・22・23
24・27・73・114・118
二条陣屋……………………………… 24
二尊院……………… 215・232・233
二年坂……………………………… 160
仁和寺………… 245・248・249・250

【ね】
ねねの道…………………………… 143
念仏寺……………………… 226・227

【の】
野宮神社…………………………… 235

【は】
白沙村荘……………………………… 90
芭蕉堂……………………………… 163
蛤御門……………………61・62・127

【ひ】
東大谷……………………………… 164
東本願寺……… 11・12・15・69・71
72・73・101・136・164
左大文字…………………… 41・42・93
百萬辺知恩寺………………………… 87
平等院……………………………… 172
平野神社……………………………… 40
広沢池……………… 240・241・249
琵琶湖疏水…90・103・104・187・189

【ふ】
船形…………………………… 42・93

【へ】
平安神宮……………… 79・102・103
106・107・108・137

【ほ】
法観寺……………………………… 124
宝筐院……………………………… 232
方広寺………… 133・134・182・234
法然院……………………………… 98
本圀寺……………………………… 234
先斗町歌舞練場…………………… 184
本能寺…………… 18・19・20・181

【ま】
円山公園… 143・158・164・165・166

【み】
南座………………… 184・185・186
耳塚……………………………… 135
妙法…………………… 41・42・93
妙法院……………………………… 127

【む】
室町幕府跡…………………… 55・56

【や】
八坂神社…………………… 119・120

銀閣寺…………………… 19・55・79
91・92・93・137

【く】
熊野神社…………………… 100・191
熊野若王子神社…………… 100・191
鞍馬の火祭………………………… 49

【こ】
高台寺……………………………… 160
革堂………………………………… 177
広隆寺…………… 18・49・242・243
護王神社…………………………… 62
五智山蓮華寺……………………… 249
金戒光明寺………………… 100・101
金地院……………………… 189・190

【さ】
西行庵……………………………… 163
嵯峨虚空蔵………………… 217・218
佐女牛井……………………18・19・175
三十三間堂………… 126・127・129
130・131・135
三年坂……………………… 143・160
【し】
地主神社…………………… 148・156
時代祭……………………………… 102
下鴨神社…………………83・84・211
聖護院………… 171・191・192・193
相國寺……………………… 54・55
常寂光寺…………………………… 234
清浄華院…………………………… 174
渉成園……………………………72・136
承天閣美術館……………………… 55
青蓮院……………………… 109・186
神泉苑……………………… 23・24

【す】
角屋………………………… 206・207

【せ】
聖アグネス協会…………………… 64
醒泉小学校………………………… 18
清風荘……………………………… 86
清凉寺……………………… 236・237
石峰寺……………………………… 250
仙洞御所…………………………60・176
泉涌寺……………………………… 195

【そ】
宗旦稲荷…………………………… 55
染井………………………………… 175

【た】
大覚寺……………… 230・238・239
太閤の石仏………………………… 89
大仏院……………………………… 51
大徳寺……………… 31・47・51・52
大丸ヴィラ………………………… 64
大文字…… 41・42・82・91・92・93
瀧口寺……………………… 230・231
建勲神社…………………………… 48
糺の森…………………………83・211

【ち】
知恩院……… 13・79・82・110・112
113・114・115・116・118・137
智積院……………………………… 129
長泉寺……………………………… 246
千代の古道………………………… 241

【つ】
椿寺………………………………… 39

【て】
哲学の道………………………90・100
天龍寺……………………… 220・221

索引【社寺等】

【あ】
葵祭……84
嵐山公園……217
安楽寺……99

【い】
石塀小路……162
維新の道……162
一条戻橋……28
一之船入……181
新熊野神社……100・191・194
今宮神社……48・49

【う】
牛祭……49
梅宮大社……213

【え】
永観堂……190
厭離庵……216・231
延暦寺……13・80・144・147・232

【お】
大河内山荘庭園……235
大沢池……239
大谷本廟……126
大宮御所……60
岡崎公園……103
岡崎神社……101
愛宕念仏寺……226・227・250
御土居……39・176

【か】
蚕の社……211
上賀茂神社……83

【き】
祇王寺……228・229・230
祇園閣……163
祇園祭……119・123・163
北野天満宮……35・36・37・38・199
京都駅……12・79・171・205
京都御苑……27・57・59・60・172
京都国立近代美術館……104
京都国立博物館……131・133
京都御所……57・59・82・103・150・253
京都市美術館……104
京都市役所……20・180
京都大学……86・88・90
京都タワー……12・68
京都府立図書館……104
京都霊山護国神社……162
清水寺……82・118・124・143・147・148・150・151・152・153・154・155・156・157・166・190
金閣寺……11・41・42・43・45・55・73

ヤサカ観光バス株式会社

昭和二八年（一九五三）、彌榮自動車株式会社の観光バス課として発足し、昭和三二年にヤサカ観光バス株式会社として独立。京都の貸切観光バス会社の最大手として現在に至る。

〒六〇一－八一二三　京都市南区上鳥羽南塔ノ本町二一
電話　（〇七五）六八一－一二五一
http://www.kyotoyasaka.jp

右手をご覧くださいませ　バスガイドとめぐる京の旅

平成二十七年三月二十三日　初版発行
平成二十八年八月三十一日　二版発行

監修　ヤサカ観光バス株式会社
発行者　納屋嘉人
発行所　株式会社 淡交社
本社　〒六〇三－八五八八　京都市北区堀川通鞍馬口上ル
営業（〇七五）四三二－五一五一
編集（〇七五）四三二－五一六一
支社　〒一六二－〇〇六一　東京都新宿区市谷柳町三九－一
営業（〇三）五二六九－七九四一
編集（〇三）五二六九－一六九一
http://www.tankosha.co.jp

印刷・製本　図書印刷株式会社
装丁・イラスト　谷本天志
写真　小林正和（山平舎）

ISBN978-4-473-04000-8